no mesmo barco

ensaio sobre a hiperpolítica

Peter Sloterdijk

no mesmo barco

ensaio sobre a hiperpolítica

Tradução de Claudia Cavalcanti

Estação Liberdade

Título original: *Im selben Boot – Versuch über die Hyperpolitik*

Tradução Claudia Cavalcanti
Revisão da tradução Angel Bojadsen
Revisão Estação Liberdade
Composição Anita Cortizas
Projeto gráfico Antonio Kehl e Edilberto Fernando Verza
Ilustração da capa Wassily Kandinsky, *Kleines Bild mit Gelb* (detalhe).
Óleo s/tela, 78 x 100 cm, 1914.
Philadelphia Museum of Art /
The Louise and Walter Arensberg Collection,
por acordo

Sloterdijk, Peter
No mesmo barco : ensaio sobre a hiperpolítica / Peter Sloterdijk ; tradução de Claudia Cavalcanti. – São Paulo : Estação Liberdade, 1999
p. 96
Tradução de : Im selben Boot
ISBN: 85-7448-001-0

1. Ciência política – Filosofia.
I. Cavalcanti, Claudia, trad.
II. Título.

CDD 320.01

Editora Estação Liberdade Ltda.
R. Dona Elisa, 116
01155-030 São Paulo SP
Tels.: (11) 3824 0020 / 3661 2881 / 3661 2882
Fax: (11) 825 4239
e-mail: editora@estacaoliberdade.com.br
site: www.estacaoliberdade.com.br

Índice

Cultura non fecit saltus

Dieter Claessens,
O Concreto e o Abstrato

A famosa sentença de Bismarck, segundo a qual a política é a arte do possível, contém uma advertência contra o ataque ao Estado por crianças grandes. Aos olhos do estadista, teriam permanecido crianças aqueles adultos que nunca estiveram em condições de aprender seriamente a diferença entre o politicamente possível e o impossível. A arte do possível é equivalente à capacidade de proteger o espaço da política contra exigências oriundas do impossível. Conseqüentemente, como arte real a política estaria no cume de uma pirâmide de racionalidade, que estabelece uma relação hierárquica entre razão de Estado e razão privada, entre sabedoria principesca e interesses de grupos, entre adultos políticos e crianças políticas. Se for levado suficientemente a sério o que foi dito sobre a arte do possível, abrir-se-á nela um espaço de conotações que remonta às pesquisas de Platão sobre as qualificações do estadista e às questões aristotélicas sobre os fundamentos da capacidade de convívio das pessoas na comunidade.

Ocorre que não é exclusividade dos gregos ter descoberto a dificuldade de manter as pessoas juntas em cidades e Estados para uma vida comunitária satisfatória. Nessa área, deve-se traçar um certo paralelismo entre a história objetiva e a dos seus problemas, e por conseguinte conceder à consciência uma profundidade histórica das possíveis crises e degenerações do político, uma profundidade histórica que fica bem pouco aquém da história real de cidades, reinos e impérios. Podemos convencer-nos por meio daqueles documentos antigos relativamente raros que possibilitam reconhecer como a negatividade política avançou nos textos escritos, como nas queixas do antigo Egito sobre a degradação da moralidade reinante e do discurso comum, e também nas teorias de decadência dos primórdios do taoísmo, que inscrevem o surgimento dos ofícios urbanos e das artes nas cortes numa história universal do abandono, e no corpus de textos de antigos profetas hebraicos que tratam da dificuldade de condicionar um povo em sua totalidade através das idéias de aliança e de eleição divina. Entre as tradições do judaísmo antigo atribui-se ao mito da construção da torre de Babel um significado especial. Na longa história de interpretação e efeito desse breve relato da Gênese 11, 1-11, desde sempre se expressa a sensação de que o mito da construção da torre articula algo da *conditio humana* política no tempo dos impérios e grandes civilizações – algo como uma repetição do mito da expulsão do paraíso no plano político.[1] A catástrofe de Babel descreve a cena original da perda de consenso entre os homens e o início da má pluralidade:

> 6 O Senhor disse: "Vê, eles são um povo, e todos têm uma só língua; mas este é apenas o começo de sua ação. Nada daquilo que pretendem lhes será impossível. 7 Pois então, desçamos! Lá queremos confundir sua língua, para que ninguém mais entenda o discurso do outro!" 8 E o Senhor dispersou-os a partir de então por toda a Terra; eles pararam a construção. 9 Por isso a cidade se chama 'Babel'; pois lá o Senhor confundiu a língua do mundo todo, e a partir de então a dispersou pela Terra inteira."

Dispersão e pluralidade da espécie humana aparecem à luz desse documento mítico como resultado de uma intervenção divina contra o poder da humanidade unida. Aos intérpretes mais

1 Cf. Arno Borst, *Der Turmbau von Babel. Geschichte der Meinungen über Ursprünge und Vielfalt der Sprachen und Völker*, 3 vols., Stuttgart 1957 ss.

antigos do mito deve ter sido tão evidente o motivo dessa intervenção que quase não notaram a ausência de uma motivação explícita no texto escrito: o mundo bíblico é um reino da ética da diferenciação, que não tolera semelhanças desmedidas – pelo menos não aquelas entre um deus todo-poderoso e uma humanidade todo-poderosa. Por isso a dispersão de Babel é tão bem motivada: como uma medida antimimética, um ato de tornar-se dessemelhante, que equivale a uma castração política da espécie. Sob essa luz, a humanidade aparece como a espécie metafisicamente virulenta, que deve ser humilhada com a queda na pluralidade. O Senhor bíblico, portanto, não é somente um sadista difusionista que não quer permitir que se reúna o que se pertence; ele é também, e mais ainda, um Senhor da discrição, que dispersa e separa o que estava aglomerado de forma nociva. O mito de Babel apresenta a expulsão da humanidade de um paraíso unitário, cujo conteúdo político poderia se caracterizar por um nome claro: *consensus*, a perfeita concordância de mentalidades e missões – as gentes de Babel sabiam bem demais o que deviam e queriam; seu projeto de torre, de acordo com tudo o que sabemos a esse respeito, era uma campanha excessivamente unânime em busca das alturas. A catástrofe lingüística era apenas o meio a serviço de um fim, o de quebrar a unidade do povo de Babel em seu empreendimento coletivo. Nesse ponto se pode ler a história da fracassada construção da torre como um mito radicalmente antipolítico ou antiimperial – ele estabelece a ausência de uma obra comum a todas as pessoas como decreto divino. Talvez a moral da história se insira na tese de que a cidade deve fracassar para que a sociedade de castas possa viver. Isso se adequaria à suposição dos estudiosos do Antigo Testamento, segundo a qual o texto sobre Babel, assim como toda a Gênese, não se origina da mais antiga tradição judaica, mas representa um texto tendencialmente crítico a respeito do poder à época da deportação babilônica, no século VI a.C. De resto, pode-se imaginar muito bem uma revisão gnóstica do mito de Babel; talvez ainda haja nas areias egípcias um papiro, redigido sob a perspectiva de uma crítica citadina ampliada a crítica do mundo, no qual está escrito que Deus, o perverso mestre-de-obras do mundo, teria mudado sua opinião após a dispersão e convocado de volta a Babel os povos dispersos, com a ordem de continuarem a construção das cidades até a pós-modernidade. O conhecimento gnóstico da psique da humanidade derrotada vai mais longe do que a doutrina católica do pecado – pois é necessário um deus malvado para reconhecer que a humilhação do homem pela pluralidade não pode ir tão longe quanto a humilhação por conta do projeto de uma reunificação.

Portanto – como já esclarece um lacônico exame de documentos antigos de caráter crítico e político –, existem bons motivos para a tese de que, pelo menos desde a Idade Axial[2], as pessoas estão sentadas sobre uma bomba-relógio: a saber, sobre o conceito inclusivo de espécie, cuja força explosiva se descarregou durante os últimos dois ou três mil anos de reações em cadeia, melhor conhecidas como história mundial, história das missões, imperialismo. O conceito de humanidade oculta um paradoxo ativo que pode ser levado à fórmula: pertencer-se com aqueles com os quais não se pertence. (Pode-se conceber essa frase também temporalmente: quanto mais tempo acumularmos experiências com quem pertencemos, tanto mais clara aparecerá a evidência de que não temos qualquer capacidade de pertença.) De acordo com seus efeitos essa frase contém ao mesmo tempo um evangelho e uma notícia aterradora. A história das idéias políticas pode ser lida como uma série de tentativas para atenuar o paradoxo político da espécie. Por isso, na politologia clássica trata-se

2 Conceito emprestado de Karl Jaspers. (N.E.)

sempre da repressão dos dramas que devem eclodir caso os horizontes de pertença de grupos e povos se expandirem a dimensões imperiais e, para além disso, do mundo e da espécie em geral.

À luz dessas reflexões, não espanta que a história das idéias políticas sempre tenha sido uma história dos fantasmas da pertença – no que a expressão fantasma não poderia ser lida, no sentido crítico-imagético, como mera aparência ou ilusão, mas sim entendida como teoria da imaginação ativa e concebida como loucura demiúrgica, idéia auto-realizável e ficção operacional. Seria oportuno lembrar aqui o promissor conceito da *autopoiesis*, com o qual discípulos da ciência não-cristã querem finalmente tornar imaginável, e de maneira precisa, uma criação sem criador; no entanto, em respeito à rigidez do conceito, renuncio a colocar ensaisticamente em jogo a expressão. Em primeiro lugar, pode-se ainda dizê-lo de outro modo: assim como desde Cocteau todo jovem sabe que Napoleão foi um maluco que presumia ser Napoleão, politólogos sabem, desde Castoriadis, Claessens e Luhmann, que sociedades serão sociedades enquanto presumirem convictamente serem sociedades. A seguir, investigarei três conjunções de idéias concretas constitutivas da sociedade, que possibilitaram a algumas centenas, senão milhares de gerações anteriores à nossa, a arte de pertencer ao coletivo. São três formações cuja sucessão pode ser apresentada como um progresso da abstração real – como se o conceito de humanidade tivesse esperado centenas de milhares de anos, como se um gênio esperasse dentro da garrafa empoeirada, até finalmente, na Idade Axial, aparecerem os primeiros universalistas, tão levianos a ponto de sacar a rolha – com conseqüências que desde então têm dado trabalho a teólogos, filósofos-historiadores e diretores do Fundo Monetário Internacional. A partir das três imagens quero mostrar como, da madeira torta da pré-humanidade de hordas, foram inicialmente talhadas as antigas populações de caçadores e colhedoras; como então, na era agrocultural, os impérios e reinos locais foram dispostos em camadas superpostas; e por último, no industrialismo, como uma sociedade de trânsito internacional que tende à desfronteirização começa a criar relações planetárias pós-imperiais. Um pintor teria de dar-se tempo para apresentar uma espécie de teoria em três etapas da história da humanidade, inspirada na metáfora da navegação. Nada seria mais oportuno do que apresentar o primeiro período sob o símbolo de jangadas, nas quais pequenos grupos de pessoas navegam através de gigantescos espaços de tempo; o segundo, como era da navegação costeira, com galeras nacionais e regatas de dominação, saindo para arriscadas e distantes metas por meio de uma visão de grandeza psiquicamente ancorada na Santa Ordem Masculina; e o terceiro, como era dos super-*ferries* que, quase inconduzíveis pela enormidade, trafegam por um mar de afogandos, com turbulências trágicas se abatendo no casco do navio e aflitas conferências a bordo sobre a arte do possível. Tudo isso minuciosamente executado resultaria num afresco histórico e mundial de formatos hegelianos – para total irritação daqueles que acolheram aliviados a tese de que grandes narrativas não seriam mais possíveis. No que nos diz respeito, teremos de nos contentar em delimitar os estágios da paleopolítica, da política clássica e da hiperpolítica com traços extremamente rudimentares. Resta acrescentar que esse esboço está ligado à reconstrução lógica hegeliana da história do mundo e do espírito apenas por dois finos fios – a preferência pelo número três e o intangível lema: "Tanto pior para os fatos".

1

Falar de paleopolítica só é possível quando se ataca, desde o início, uma imagem de mundo e história que doutrina os membros de nosso hemisfério cultural com uma consciência de calendário falsificada. A ideologia oficial das grandes civilizações, em todas as suas variedades, quer-nos fazer acreditar que a história real e digna de menção não teria mais do que quatro a cinco mil anos, e que a espécie essencial, na qual tendemos a nos incluir, surgiu da névoa justamente àquela época no Egito, Mesopotâmia, China e Índia. Naquele tempo apareceram escrevinhadores e escultores que pela primeira vez nos mostraram o que era o homem. *Ecce Pharao, ecce homo* – o homem não é mais antigo do que a grande civilização, a verdadeira humanidade começando no seu apogeu. Talvez essa tese nunca tenha sido defendida *expressis verbis* de forma tão crua, mas em essência ela funciona toda vez que humanistas, teólogos, sociólogos e politólogos têm a palavra, a fim de modelar imagens coletivamente eficazes do ser-humano. Todos eles fazem com que "o homem" já apareça a partir da cidade ou do Estado ou da nação, sem esquecer algo que seja conveniente para fixar a aparência de grande civilização nas cabeças dos aprendizes culturais. Em contrapartida nunca é demais insistir como sempre foi falso esse doutrinamento e como é funesto, ainda hoje, o seu efeito. A fixação pelas grandes civilizações é o *proton pseudos*, mentira básica e engano capital, não apenas da história e das *humanities*, mas também das ciências políticas e da psicologia. Ela destrói, pelo menos em última instância, a unidade da evolução humana e desliga a consciência atual da cadeia das inúmeras gerações humanas que elaboraram nossos "potenciais" genéticos e culturais. Ela ofusca a visão do acontecimento fundamental que se antecipa a toda grande civilização e do qual todos os chamados acontecimentos históricos só são derivações posteriores – o acontecimento global: antropogênese. A apologia atual da grande civilização abrevia a história da humanidade em mais de 95%, talvez até em 98% de sua duração real, a fim de ter liberdade para uma doutrinação ideológica e antropológica em alto grau – a doutrina, entendida como clássica e moderna, do homem como um "ser político". Seu sentido é apresentar o homem *a priori* como um animal burguês que, para sua realização essencial, precisa de capitais, bibliotecas, catedrais, academias e representações diplomáticas. Onde quer que a ideologia da grande civilização se tenha estabelecido, apaga-se em cada qual a pré-história – como se cada novo indivíduo fosse um pobre selvagem que, tão rapidamente quanto possível, deve ser amadurecido para a vida em Estados. Se suspendermos a aniquilação da pré-história, então surgirão conhecimentos de uma condição de centenas de milhares de anos da humanidade, da qual só recentemente apareceram preocupantes desvios – desvios cujos efeitos se somam ao que Lévi-Strauss denominou história quente.

Para a paleopolítica, cujo esboço deve-se tentar fazer aqui, é essencial que ela não pressuponha "as pessoas", mas produza pessoas. Enquanto grandes civilizaçõe já consideram o homem como existente, para poder utilizá-lo para trabalhos, funções e missões, o mundo da pré-história é perpassado pela consciência de que a arte do possível consiste em chamar à vida, num mundo árido e arriscado, novas pessoas a partir das existentes e mais velhas. Paleopolítica é o milagre da repetição do homem pelo homem. Ela é adquirida e praticada num ambiente que parece querer de certa forma dificultar às pessoas a arte de repetir-se nas crianças.

Para atualizar a essência da coletividade arcaica, será necessário esclarecer alguns traços decisivos da vida primitiva em hordas. Imagina-se as antigas hordas na melhor das hipóteses como espécies de ilhas à deriva que correm lenta e espontaneamente nos rios da Velha Natureza – separadas do ambiente externo através da revolucionária evolução de técnicas de distância, sobretudo através da moderna sincronia entre fuga e contra-ataque, religadas internamente por um efeito-estufa emocional que solda os membros da horda através de ritmo, música, rituais, ciúme, excessos de vigilância e linguagem, numa espécie de instituição psicossocial total. Esses grupos podem ser chamados de ilhas sociais porque de fato foram tirados de seus ambientes como esferas animadas, rodeadas por um invisível anel distanciador que mantém longe dos corpos humanos a pressão da Velha Natureza; assim protegido, o *homo sapiens* pôde tornar-se um ser que evita conflitos externos e vive com exuberância interna. Aqui já se deve tentar, no plano lingüístico, evitar uma aparência individualista reprojetada da modernidade para a Antiguidade: "o homem" não é esse ser solitário que por acaso tende sempre a estar entre seus semelhantes, embora no fundo seja um Robinson, que bem poderia precisar de toda uma ilha para si; como seres pertencentes a uma horda, as pessoas, a princípio e na maioria das vezes, são partícipes de uma horda essencial que, como na visão platônica, é um grau "mais real" do que os seus próprios membros. "O homem" não pode entrar na sua horda como num clube simpático – antes, a horda é um clube totalitário que produz ele mesmo seus novos membros, para "socializá-los" de acordo com as regras do clube, que significam o mundo. A lei da horda é a repetição da horda em seu próprio regaço. Nesse sentido, Dieter Claessens, com sua metáfora da horda como incubadeira, na qual surgiu o homem, criou uma imagem que une exatamente conceito e representação.[3] Para já utilizar a clássica metáfora aristotélica do útero do mamífero, incubadeiras são "fornos" para embriões; são locais de metamorfose, de onde se coze "para fora" do fluido o rígido, do indeterminado o determinado. Mas o que então tem importância sociológica é ver que aqui não se fala apenas do não-nascido no útero ou do prematuro num útero mecânico substituto, mas de indivíduos "inatos" primitivos que só então e apenas na horda estão aptos a incubá-los, para transformá-los em típicos membros da espécie. Denominar *toto genere* a horda como incubadeira implica a tese de que sociedades antigas deviam impor-se como ponto principal a arte de incubar humanos, caso quisessem continuar com êxito sua missão básica, a repetição do homem pelo homem. Hordas são grupos humanos incubando pessoas que transmitem aos seus descendentes, em gigantescos lapsos de tempo, qualidades de exuberância cada

3 Dieter Claessens, *Das Konkrete und das Abstrakte. Soziologische Skizzen zur Anthropologie*, Frankfurt 1985, p. 145 ss.

vez mais arriscadas. Nenhuma mão de primata pôde sonhar um dia em tocar estudos de Chopin – nos dedos de Glenn Gould ou Vladimir Horowitz culmina uma evolução que transformou patas em mãos e mãos em instrumentos milagrosos para as mais complexas partituras. Fica evidente até onde chegam as conseqüências dessa cultura de incubadeira quando se entende as características biológicas particulares do *homo sapiens,* em sua totalidade, como resultado da evolução da incubadeira interna à horda. Aqui já começa, no homem, uma história natural da não-naturalidade, cujos prolongamentos modernos recaem sobre nós como crises ecológicas e sociais de "alienação". Na história primitiva trata-se quase sempre do incubar revolucionário de anti-naturalidade na própria natureza – poder-se-ia dizer também que o conteúdo da mais antiga história da humanidade é a secessão efetuada pelas hordas e seus membros frente à Velha Natureza. O que um tanto apressadamente denominamos pré-história é um hiperdrama que se processa no estilo de uma história de êxito de evoluções de luxo. Na incubadeira de hordas primitivas logrou-se realizar os mais surpreendentes experimentos biológicos sobre a formação humana. Nela, e somente nela, o *homo sapiens* pôde

 tornar-se o marginal biológico, tal qual ele hoje

mais do que nunca se nos mostra. Sobre as ilhas à deriva dos pequenos grupos primitivos as cabeças humanas tornaram-se notavelmente grandes, as peles notavelmente finas, as mulheres notavelmente belas, as pernas notavelmente longas, as vozes notavelmente articuladas, a sexualidade notavelmente crônica, as crianças notavelmente infantis, os próprios mortos notavelmente inesquecíveis.

As ilhas – ou jangadas sociais – à deriva são os locais de nascimento de características psicoculturais que um dia acarretarão conseqüências mundiais. Aqui surge aquela empatia que torna os membros da mesma horda como que emocionalmente transparentes entre si; quando a empatia se especializa e tem de ser transmitida ao desconhecido, então, sobretudo nas grandes civilizações seguintes, se abre um espaço para os dramas que chamamos de amor; aqui surge também aquela atenção aos semelhantes e aos ambientes que na era das grandes civilizações se bifurca em curiosidade teórica e estado político de alerta; aqui se reúnem aquelas experiências fundamentais com gestos, seres vivos e coisas que mais tarde podem ser reproduzidas na forma de técnica e sabedoria. A exuberante ilha humana está cheia de ruídos e sons que poderiam ser denominados tomando uma expressão do compositor canadense Murray Schafers, como o *soundscape* característico de um grupo – uma paisagem sonora ou sonosfera que atrai para si seus membros como para o interior de um globo terrestre psico-acústico. De certo ponto de vista pode-se denominar o modo de existência dos grupos pré-históricos como um modo global – não porque as pessoas teriam sabido que a Terra é um globo físico *sobre* o qual poderiam existir por toda parte, mas porque existiram dentro de um globo psíquico, numa esfera sonora, e puderam sobreviver lá, e somente lá, onde essa *sphaira* acústica se conservou intacta. As hordas primitivas, assim como seus sucessores culturais tribais, socializam seus membros num continuum psico-esférico e sono-esférico, no qual existência e pertença ainda são grandezas indiferenciáveis. A sociedade mais antiga é uma pequena e tagarela esfera mágica – uma invisível tenda de circo estendida sobre a trupe e que caminha com ela. Através de cordões umbilicais psico-acústicos todo indivíduo está continuamente ligado, em maior ou menor escala, ao corpo sonoro do grupo – e a perda desse continuum equivaleu a uma catástrofe: não foi em vão que algumas culturas mais antigas declararam o desterro como uma espécie de pena de morte psicossocial. Pertencer-se, de fato, a princípio não significa outra coisa que ouvir juntos[4] – mas aqui repousa o laço social quintessencial até a invenção das culturas escritas e dos impérios. Encontramos aqui o peso daquilo que a palavra alemã, deteriorada pelo romantismo, poderia querer dizer com *Muttersprache* ['língua-mãe']. Os espíritos de hordas são corpos sonoros, nos quais os membros estão encerrados como em cavernas de eco. O auto-alimentado corpo sonoro do grupo, vibrando em si mesmo, compõe a forma mais primitiva daquelas configurações sócio-uterinas, que em todas as épocas da história da humanidade tinham de produzir o efeito do espaço interior comunitário. Viver em sociedade significa, por isso, repousar sempre também sobre um regaço-fantasma em parte imaginário, em parte psico-acústico – a idéia de algo que abriga e envolve, que nos permite ouvir e pertencer-se juntos, assim como uma mãe murmurante junto ao fogo, que no arbusto próximo mantém a grande família dispersa em sua esfera pacífica. A mais primitiva forma do pertencer-se coletivamente é transmitida pela arte de deslocar pessoas para um interior comum e ampliado. Para hordas primitivas da estepe, isto não parece ser tão difícil quanto para na-

4 Aqui um jogo de palavras do autor de difícil tradução: *zusammengehören* ('pertencer-se') e *zusammen hören* ('ouvir juntos'). (N.T.)

ções modernas e sociedades multiculturais de centenas de milhões de pessoas. Na floresta ou na planície, através da diferença entre ruído de grupo e ruídos do mundo, é fixada uma fronteira invisível entre o familiar e o estranho. Com a própria fala, tagarelice, canto, rufar de tambores e aplauso, o pequeno grupo assegura seu continuum acústico e se convence ele mesmo de que essa horda é essa horda. Cantores ou oradores experientes com visão mais ampla contribuem para que a sincronização psico-esférica da horda não se destrua em caso de crises, e que o efeito de mundo se reconstitua também depois de interrupções; mundos são campos que se estabilizam em efeitos de auto-hipnoses coletivas; o mundo é tudo o que é, para o ilhéu que vive em harmonia com os outros; verdade é aquilo a que se pode conectar a partir da ilha; o que não pode ser para o ilhéu, nunca terá sido.

A paleopolítica contém a mais antiga gramática da pertença. Ela define papéis opostos de velho e novo, masculino e feminino, e determina regras para o trânsito entre "pessoas" e "estranhos", assim como entre vivos e mortos, até de vivos e não-nascidos. A invenção universal dos cultos dos antepassados abre caminho para um pensamento proto-metafísico – como se por toda a parte antepassados mortos fossem aqueles que a princípio chamam a pensar – pois como ensinou Heidegger, pensar significaria agradecer (aos mortos, embora não o tenha expressado claramente). Mas dão ainda mais a pensar, desde o início, as vidas humanas que estão por vir, nas quais perdura a horda essencial – o que acarreta que pensar "no fundo" acaba sendo um mecenato em prol da vida futura. Com o mais minucioso cuidado, a paleopolítica cerca o interior sensível da incubadeira, e como tal, até onde vão nossos conhecimentos, em toda parte mães com filhos pequenos foram objeto de atenção especial. Em certo sentido, "sociedade" é apenas um "manto" psicofísico em torno da esfera na qual mães e filhos repetem o mistério da animização humana. Se quiséssemos falar tecnicamente, então dir-se-ia que o campo mãe-criança, ao lado do visível fogo, foi o foco inspirador de todos os grupos humanos primitivos – e favorecer a nova vida foi sua "idéia" demiúrgica. O passado "foi" não deve sugerir que então, em época histórica ou pós-histórica, as antigas incubadeiras humanas teriam sido extintas e tomado, com sucesso, outros caminhos para a procriação humana; "foi" pode somente lembrar aqui que as grandes civilizações desviam sua atenção da repetição do homem pelo homem, a fim de preferencialmente perguntar pela utilização do homem pelo homem – o

 que inevitavelmente deve levar a rompimentos traumáticos no campo outrora mais bem protegido. Poder-se-ia dizer justamente que toda "história", estritamente falando, seria a história de manipulações no campo mãe-filho.[5] Depois do que foi dito é óbvio que no espaço paleopolítico exista um matri-"arcado" que se impõe como poder sobre a escassa fonte "amor maternal". Que a descoberta do trágico não tenha sido um privilégio das grandes civilizações – tampouco quanto a do além e a do potencial extático –, fundando-se antes na administração paleopolítica da penúria, pode ter surgido de uma lembrança da poeta japonesa Yoko Tawada de uma história que lhe contara sua avó.

"Há muito tempo, quando, em seu lugarejo, as pessoas ainda sofriam de espantosa pobreza, às vezes acontecia de mulheres matarem os próprios filhos logo após o seu nascimento, pois que senão iriam passar fome. Para cada filho morto era produzido um kokeshi, quer dizer, um fazer-desaparecer-o-filho, para que as pessoas nunca esquecessem que sobreviveram às custas dessas crianças."[6]

5 Onde tais manipulações estendem o arco do psicologicamente possível, lá as condições de incubação não são mais "suficientemente boas"; aumentam as deformações anímicas e perdas de espiritualismo; cf. do autor, *Die gescheiterte Beseelung. Vorschläge zu einer Geschichtsphilosophie der Neurose*, palestra no 40º aniversário da Sociedade Alemã de Psicanálise, Göttingen, 23/5/93.

6 Y. Tawada, *Wo Europa anfängt*, Tübingen 1991, p. 83 ss. Agradeço a indicação dessa passagem a Thomas H. Macho.

Yoko Tawada conecta essa história à suposição de que a famosa matriosca, a boneca dentro da boneca, que no século XIX se tornou o brinquedo preferido dos russos, seria uma réplica da japonesa kokeshi. Se exigimos que uma sociedade deva apresentar um *opus commune* e uma atividade condutora, antes de lhe conceder o predicado político, então as antigas hordas humanas poderiam ser caracterizadas, ao primeiro olhar, como radicalmente pré-políticas, porque não permitem reconhecer qualquer obra além de sua auto-repetição e qualquer condução além do tranqüilo levar-se pela corrente da evolução; mas se observada com maior proximidade, então também a arte de uma comunidade humana de repetir-se nas gerações seguintes é um projeto essencialmente político, e a deriva da pequena jangada social na fluidez do tempo já tem em si elementos de orientação: quando se entende o privilégio matriarcal do infanticídio como uma forma de política de imigração intuitiva, as disposições matrimoniais como uma espécie de política externa da horda, os costumes de caça como uma política ecológica primária. Paleopolítica é a arte do possível em pequena escala – a arte de manter-se pequeno para o bem do maior, em prol da vida anímica.

2

Veremos como a política clássica surge da tentativa de repetir essa arte em escala maior. A política, no entendimento tradicional, nasceu da urgência de responder à questão: como pode um grupo – ou se deveria dizer um sistema social? – tornar-se grande ou muito grande e mesmo assim não fracassar na tarefa de deixar passar o que é grande para as gerações seguintes? Como mil, dez mil, cem mil hordas – no formato de "grandes famílias" entre 30 e 100 membros – podem reunir-se de tal forma que se lhes possa exigir esforços em prol de uma obra comum, algo como contribuições para as instalações de irrigação, cruzadas e impostos de reunificação? Como podem "falar" a tão grandes números de pessoas e convencê-las a se sentirem participantes daquilo que é "grande"– até chegar à disposição de ir ao encontro da morte em exércitos de milhões contra outras forças de igual ordem de grandeza, a fim de assegurar aos "próprios" sucessores aquilo que os ideólogos chamam de futuro? A arte do possível em larga escala gravita em torno desse ato de força de apresentar o improvável como o inevitável. A figura política do império opta pela intencionalidade divina e legitimidade existencial da dificuldade; ela faz valer o quase impossível como o natural. Os meios dessa arte são a cartografia e a escrita; seu gênio, a consciência pluripopular. É a razão pela qual o motivo central da política clássica, em todas as suas explicações filosófico-teológicas, diz: pertencer-se no Grande. Isso leva ao holismo como auto-afirmação dos habitantes do Grande Mundo. Política é a arte de organizar os laços ou forças de ligação que abrangem grandes grupos de até milhões de membros, e para além disso numa esfera de elementos comuns – seja o elemento comum nefasto do sofrimento sob a tirania ou o elemento comum saudável de uma cooperação entre pessoas competentes na democracia. Os primeiros gestos desse holismo instintivo são tentativas de descrever o cosmo como casa maior e os povos como famílias maiores. O homem se torna então o animal condenado a mudar-se para abrigos abstratos. Mas como não há garantias de êxito para a política como moradia-teste no Grande, vê-se já cedo, ao lado das pessoas da cidade e do Estado, também habitantes outros se fazerem notar: aparecem eremitas, monges e ascetas que apostam mais na correspondência de homem e mundo estelar, homem e deserto, homem e Deus do que em compromissos na esfera política. De fato, o *homo politicus* e o *homo metaphysicus* se pertencem historicamente; prospectores do Estado e prospectores de Deus são gêmeos evolucionários. Ao lado dos Grandes geográficos e demográficos, o Grande cosmológico e metafísico também exige seus direitos. Mas tão logo o Grande começa a pensar, devem surgir interpretações políticas do mundo e doutrinas do ser que dizem como deve ser a ordem do Todo, quais são as suas perturbações e quais são as soluções à disposição das mesmas. Nesse sentido, a filosofia grega é, entre todas as das grandes civilizações, o "instituto" mais claramente motivado pelo espírito do Grande – seus co-participantes estão convencidos de que a melhor vida, sobretudo para homens, consiste em trocar com amigos todos os dias algumas palavras sobre as grandes coisas – *ta megala.* Entre os homens gregos se expandiu, no tempo de Heráclito e Platão, um jogo nobre, mais excitante do que a caça de animais selvagens e mais exigente do que o teatro mitológico: no diálogo político-filosófico entre os ingênuos, os inteligentes e os céticos começa o belo sofrimento pelo mundo como problemática do Grande. Para os que estão do lado de fora, essa ação pode parecer ridícula, e desde sempre eles acusaram os oradores das grandes coisas de serem megalomaníacos que se atrevem a grandes afirmações inadequadas. Megalomaníaco é o homem que se imiscui em questões maiores para ter algo que correrá com os olhos e logo abandonará. Mas como se deverão chamar aqueles que, uma vez apreendidas as grandes coisas, não mais as abandonarão? Proponho: megalopatas. A filosofia grega é, de fato, assim como seus equivalentes chinês e hindu, uma disciplina megalômana; sua preocupação é justamente eliminar o fator maníaco próprio de práticas mais antigas de sabedoria, a fim de tornar-se sensata na escola do Grande, o que permite a reflexão. Pode ser que Alexandre da Macedônia perseguisse uma política maníaca, estimulado pelo êxtase da quantidade abstrata e seduzido pela idéia de poder corresponder à enormidade do espaço geográfico oriental através de ações militares e obras políticas; como grande homem, quis preencher o Grande, como se estimulado por uma auto-expansão maníaca. O mestre de Alexandre, Aristóteles, ao contrário, foi um dos primeiros que, refletindo, chegaram para além, ou melhor, para aquém da mania, a fim de integrarem as grandes coisas, como áreas específicas, em rotinas frias e racionais. Por isso é que somente depois dele se pode falar que a filosofia, como exercício anímico assim como estilo do saber, foi realmente estabelecida na pólis. A partir de então e por quase dois mil anos, ela se impõe como teoria megalopata de uma prática megalopata – como um culto ou uma terapia para pacientes acometidos de grandeza, a saber cidadãos da pólis, funcionários, teólogos e homens do Estado que percebem o espaço político mundial em sua nova amplitude. Entre eles surge um novo laço psíquico – a amizade, que floresce para além das antigas familiaridades[7]; "amigos" são homens que, em seus caminhos pelos altos e baixos do Grande, se interpenetram. Camaradagens cósmicas podem até fazer inimigos parecerem parentes – a melancolia de Alexandre perante o rei persa Dario, morto, é o monumento clássico para as novas relações de interpenetração entre os pioneiros no Grande. A tais "amigos" são indicados, por uma nova classe de treinadores do ser, caminhos para a vida moderada; moderação é o que intermedeia entre a vida de animal doméstico falsamente reduzido e a loucura divina no muito Grande. Humanismo de Estado é desde então a busca por um centro justo – e desde a recepção romana dessa

7 Cf. Horst Hutter, *Politics as Friendship, Greek and Roman Theories of Friendship in their Social Settings*, Wilfried Laurier University Press, 1978.

idéia grega essa busca carrega o seu nome até hoje conhecido: humanidade. Mas se viver na cidade para muitos também significa sofrer com a cidade, então a reflexão sobre a convivência nas cidades deve produzir *eo ipso* uma teoria que interpreta e justifica o sofrimento produzido pelo Grande de forma ontológica, cosmológica, escatológica.[8] Em seu plano pedagógico a filosofia se torna portanto prática de iniciação para jovens que saem do âmbito doméstico, o sucessor da horda, e ingressam na cidade ou Estado – daí a velha rivalidade e confusão com os retóricos e sofistas que oferecem fórmulas baratas para carreiras no vasto mundo.

À vista dessas reflexões, parece-me plausível interpretar as imagens de mundo da Idade Axial – finalmente, a grande civilização! – como avanços rumo às práticas do Grande, sem as quais não pode haver vida nas cidades e impérios. No anti-

8 É daí que, ao lado da "amizade", que como que apresenta o lado diurno das relações entre homens de sucesso no grande mundo, aparece a misericórdia ou o amor caridoso (*caritas*) – um novo regulador para a simpatia por destinos de perdedores e para formações de ambientes no lado obscuro dos impérios; fez parte dos grandes mistérios do antigo cristianismo o fato de ter logrado produzir, como *ecclesia oppressa*, uma interpenetração nos perdedores, e como *ecclesia triumphans*, a mesma nos vencedores.

go conceito de império de egípcios, babilônios e persas, assim como na filosofia grega da pólis, é elaborada uma nova forma psíquica que se poderia denominar atletismo de Estado. Atletas do Estado são aqueles indivíduos em parte nominalmente conhecidos desde as Antiguidades oriental e ocidental que praticam o convívio no Grande, a partir da juventude, como um levantamento de peso mental, não nos ginásios e nos estádios, e sim nas academias filosóficas, em escolas de oradores, conselhos principescos, seminários religiosos, reuniões populares e comunidades semelhantes. Existir no Estado – e "no Estado" significa, para ser exato, nos postos de comando da coletividade – condiciona uma forma existencial ascética e atlética que envolve os indivíduos em práticas do Grande como gladiadores políticos. Entende-se melhor o *homo politicus* como um decatleta a serviço do Estado. É-lhe natural ceder ao destino no campo das grandes missões através de um treinamento psíquico apropriado. Como nos tornamos faraó, como nos tornamos *pontifex maximus*, como nos tornamos rajá, como nos tornamos César? Como cônsul, senador, imperador? Como deve viver alguém para entrar nos livros de história como Metternich, lord Marlborough ou Bismarck? Que ascensões levam à função de governador, presidente, chanceler?

Como nos tornamos cardeal, professor catedrático de filosofia? Não sei se teria sentido considerar uma resposta conjunta a essas perguntas – se houver uma, então deveria ser: todos esses postos-modelo só podem ser preenchidos com condicionamentos megalo-atléticos. Quem alcança tais posições chegou lá através de diversas despedidas da infância, de morosos adestramentos e treinamentos que arrancam o sujeito de sua familiaridade e o endurecem, fortalecem, elevam até que funcione no plano superior. O que hoje se chama "escola" surgiu originalmente como campo de manobras para a *metanoia* política; a conversão do pensamento de pequenas para grandes relações está em qualquer programa didático a serviço do Estado. Isso se estende desde formas antigas da educação principesca em tribos e pequenos reinos até estágios em repartições atenienses e romanas. "Não se educa o homem que não sofre flagelos " – achou o então ministro weimarano Goethe conveniente colocar esse princípio grego como epígrafe de suas memórias.

A educação, *paideia*, só se explicita de fato como teoria do adestramento aristocrata na cidade, no palco da história das idéias, e sobressai imediatamente por meio de um grotesco acento típico das grandes civilizações: o que a educação expressamente realizada de fato significa é denunciado na idéia construtivista de Platão de dizimar as famílias dos guardas, a fim de incumbir à nova elite filosófico-militar a criação de novas gerações de excelência. O gênio de Platão de criar metáforas sintomáticas se mostra com a maior expressividade nesse detalhe de *A República*, pois toca certeiro no mistério de funcionamento das grandes civilizações – a saber a questão de como se poderia adestrar o animal familiar e de horda, o *homo sapiens*, transformando-o num *zoon politicon*. A inesquecível tese da zoologia platônico-aristotélica tem como objetivo fazer com que de antemão surjam do Estado, em pequenos rebanhos, seres vivos, tais quais produtos de um único regaço político que produz reis e artesãos na mesma ninhada. Portanto, será possível o homem como *politikós*? Como o melhor homem no Estado encontra o seu lugar? Vamos dar primeiro a resposta falsa – para que se faça sentir maior necessidade da certa. De uma perspectiva plebéia moderna, que nada entende de atletismo de Estado, a réplica é lapidar – Beaumarchais colocou-lhes o seu Fígaro na boca: o que o Sr. Conde já fez de grande? "Ele se deu ao trabalho de nascer". Com isso está estabelecido o moderno igualitarismo – como princípio de igualdade do homem diante dos úteros físicos. No entanto, a lucidez de Platão foi além do discurso vazio de Fígaro, pois ele estabelece que o fato de nascer no seio de uma família não basta para produzir o estadista.

Naturalmente, toda criança se origina de uma mãe, mas nem toda mãe se chama Atenas. A política se inicia com o renascimento da mãe física para a metafórica – o próprio Estado é como um regaço superior; ele tece o invólucro imaginário e psicoacústico que se estende sobre toda a pólis como espírito comunitário. A esfera mágica psico-acústica da pequena e antiga horda deve então ser reproduzida como círculo mundial, como cosmo. O mundo político é tudo o que chega ao interior do círculo maior. Nascer no Estado significa, portanto, entrar naquele círculo principal que poder-se-ia definir como grande regaço e, para falar tecnicamente, como configuração política do útero social. Nele repousa a resposta à pergunta sobre como se pode deixar participar centenas de milhares ou milhões de indivíduos numa coisa em comum. E fazer política não é outra coisa senão salvaguardar essa figura-regaço. É daí que se explicaram a atenção de Platão pelo papel social da música e seu sentido vigilante para a união de todos os cidadãos num corpus comum de lendas de deuses e heróis. Em sua busca de regras para o melhor

Estado, ele imagina até programas de reformas para a música, poesia e teologia; ele tampouco recua diante de novos modelos de reprodução eugênica, radicalmente estatizada. Com um surpreendente grau de mobilidade lógica ele experimenta alternativas de reprodução humana – até chegar ao ponto em que desiste do princípio do nascimento do ser humano do ventre de mães naturais. Platão altera o funcionamento de mitos matriarcais do nascimento do homem a partir da Terra em prol dos objetivos de mães artificiais, políticas; numa controvertida passagem – significativamente no diálogo do estadista – ele faz aparecer o gênero a partir de um surgimento alternativo, de acordo com a doutrina de que, sob o domínio de Cronos, se realizou a corrida no sentido contrário, de forma que antigamente o sol nascia no Ocidente e os homens teriam surgido prontos do seio da Terra como anciãos e sem necessitar de formação, a fim de, no decorrer da vida, serem cada vez mais jovens e por último morrerem como fetos num regaço feminino, como se numa cova. Isso resulta na visão de uma sociedade de adultos sem problemas de incubação – o mais antigo *opus commune*, a repetição do homem pelo homem, parece surgida como que por milagre; então, *a priori*, adultos podem se encontrar iguais e livres, logo em seguida ao seu surgimento da Terra política, na ágora, a fim de trocar entre si alguns *logoi* sobre *ta megala*. Nem sempre Platão vai direto ao ponto, sua sabedoria sempre saberá como ligar o livre jogo da análise às evidências práticas. Assim, por exemplo, na esplendidamente cínica doutrina da nobre mentira de Estado, que permite a um criador político mobilizar todos os membros de uma coletividade em favor de uma doce e vantajosa ilusão compartilhada por todos. O terceiro livro da *República* contém um dos mais claros momentos na história de idéias políticas; aqui, com jovialidade verdadeiramente olímpica – a palavra não poderia encontrar lugar melhor –, o problema de grupos humanos díspares ao extremo mentirem-se coletivamente é promovido a tema numa unidade mais elevada; Sócrates aparece com um ousado "conto frígio", do qual espera efeitos especiais de união estatal. O mito que Sócrates apresenta, quase sorrateiramente, afirma que todos os membros dessa cidade, por mais que pareçam desiguais, são filhos da mesma terra-mãe estatal; esta teria produzido de seu regaço filhos com uma alma de ouro, outros com uma alma de prata e por fim também os com uma de bronze. Conseqüentemente, diferentes quanto ao dote e valor, os cidadãos deveriam entender-se como filhos de uma mesma mãe e comprovar, para além dos limites de classes, o devido amor recíproco. Por conseguinte, está imposta a primazia da unidade, a partir de consangüinidade imaginária, diante da variedade da natureza metálica. O Estado permanece uma mãe metafórica superior, que coloca os cidadãos sob o laço social da fantasiada comunidade-regaço. Uma tal hiper-horda política seria uma variante em grande escala da configuração sócio-uterina, na medida em que consiste num grupo total a partir de muitas hordas, casas, famílias e clãs dispersos. Com isso, a política, segundo Platão, continua sendo, sempre até um certo grau, gerenciamento de fusão ou um trabalho no hiper-útero imaginário para crianças políticas. Quem poderia contestar que o conto frígio foi uma digna porta de entrada para a problemática que hoje é discutida sob o nome de *Corporate Identity-Policy*?

A verdade sobre a forma de mundo imaginada por Platão e Aristóteles é certamente a de que cidade e império são figuras da era agrária. Se Platão definiu o saber do político como arte pastoril em referência a bípedes sem penas, então fica claro como motivos agro-ontológicos avançaram até na definição fundamental da essência do poder nas cidades – agricultura e criação de animais são os reservatórios de contemplação, dos quais discursos politológicos devem extrair sua plausibilidade, mesmo se o olhar passe do jardim da academia para a ágora. Num determinado sentido, até Platão permanece o camponês de Atenas – e quando se gostaria de ver Heidegger como o último metafísico da velha Europa, então não deixa de ser porque seu pensamento permaneceu extremamente ligado aos paradigmas de um mundo que cresceu a partir de uma experiência camponesa. Motivos reais extra-agrários saem sobretudo das oficinas dos artesãos, a saber dos ferreiros, para avançar na consciência do mundo político-filosófica, e dos portos, de onde o comandante, em grego *kybernetes*, pôde tornar-se uma sugestiva figura de poder. O médico também contribuiu com algo de seu perfil para o tipo do especialista estatal dominador – a ele cabe ordenar amargos medicamentos na enfermaria política. Na imagem do estadista como cirurgião popular talvez apareça com maior clareza o traço abstrato e anti-emocional da nova arte política – sendo a política o que leva o neófito contra o seu sentimento. Em tais discursos de *polis* e *politie* claro que nunca se deve esquecer que para a grande maioria das pessoas, na época da política clássica, de forte influência agrária, grandezas como cidades, impérios, Césares e galeras de alto-mar permaneceram mitos distantes – rumores partidos dos centros do poder e do refinamento, tão grandiosos quanto formações amaldiçoadas de um outro mundo do lado de cá. Também na era das antigas cidades as maiorias permanecem ligadas à aldeia, e através da aldeia à horda remanescente, ainda que deformada pela primeira. Ao longo de toda a era agrária sobreviveram formas primitivas da realidade de horda com aquela resistência a que se atribui somente o fundamental, melhor dizendo, o fundamentador. É daí que persiste um continuum do mundo antigo também através dos milênios das assim chamadas grandes civilizações; em alguns aspectos se poderia dizer que isso salvou a humanidade de si mesma – caso a expressão "humanidade" deva caber aqui para o horizonte cultural das *politien* e seus universalismos. Se seguissem o curso da "humanidade", as pessoas há muito teriam sido extintas pelo desgaste. Desde sempre constituiu um risco para a cidade o fato de ela usar mais do que criar o homem; mais do que isso, ela o impele aos últimos florescimentos como reproduções simples demais; tanto no sentido biológico quanto no cultural, ela é mais estufa do que campo e jardim. É o humanamente primitivo continuum pré-político e paleopolítico da humanidade-horda que cuidou de que continuasse sendo possível para a grande civilização,

 apesar dos perigosos jogos com a "educação", uma

taxa suficiente de crescimento demográfico, mesmo que freqüentemente sob condições patogênicas e com significativas conseqüências neuróticas.

Nas grandes civilizações, os agentes da política clássica são, portanto, os atletas do Estado amadurecidos num *training* do Grande existencialmente abrangente para a estada num mundo de perspectivas e preocupações grandes e abstratas.[9] Não se deve esquecer que o que aqui se discute sob o irônico, embora identificável e reconhecido título de atletas políticos, pelo menos desde o século XIX tem um nome menos lisonjeiro, embora correto: classe dominante. Sem fazer uso de necessárias matizações, defino dominação como o poder ou a autoridade de utilizar pessoas como meios. Os atletas do Estado, entendidos como classe dominante, são portanto não apenas mártires do império; e também não o são, mesmo se, no trato mais próximo com ricos e poderosos, muitas vezes se tem a impressão de que a auto-piedade seja o preço a pagar pela elevada posição. É certo que os poderosos têm um acesso privilegiado a esforços mais pesados, mas seria lacrimejante afirmar que

9 Cf. a respeito as reflexões aristotélicas sobre a grande sensibilidade e grandeza do cidadão no 41º livro de *A Ética a Nicômacos.*

só eles sabem o que é trabalho; não é verdade que carregam sozinhos o peso das grandes visões e dos longos dias de trabalho no Palatino, enquanto as massas populares, lá nos arrabaldes, sonham, copulam e acariciam o cão. Os poderosos, além de necessitarem de uma medida mínima de forma física, são sobretudo atletas do poder-ordenar. Eles levam sua vida num *training* permanente do mandar-trabalhar, ordenar, decidir, deliberar sobre uma massa de problemas agudos, ambivalentes, urgentes. O cerne psico-político da dominação poderia se chamar: transmitir rigor. Dominadores, políticos e chefes são, segundo essa lógica, sobretudo detonadores de uma crueldade funcional – que obviamente fazem bem em criar para si, sob nomes como razão de Estado, bem comum, justiça, planejamento, entre outros, um rosto aceitável, se possível sincero. A abstração do Grande torna graves os traços do Estado; já os gregos diziam que Péricles, depois de ter tomado o poder, nunca mais riu. Mas se a política sempre significou também um sistema de distribuição das crueldades a partir de um centro de abstração (governo), então devemos temer coisas graves para os compradores finais das cruéis distribuições. Não falo aqui de pobreza, estreiteza local e humores senhoris, de exploração, violação e semelhantes, embora a literatura das grandes civilizações tenha transmitido de todas as regiões do mundo ladainhas realistas sobre isso. O que no momento desejo apontar é a catástrofe antropológica da grande civilização, que cinde a evolução do *homo sapiens* numa linha de altas chances e noutra de empobrecimento. A "humanidade" se rompe aqui em grupos que se intensificam através de tensões, e grupos que ficam estagnados no sofrimento; a dor, na grande civilização, adquire um terrível rosto duplo; ela age em alguns como estimuladora, em outros como obstruidora; para a minoria, a carência tem efeito educador; para a maioria, age como destruidora de almas. Se em referência a Claessens dissemos que os grupos de humanos primitivos foram tirados de uma espécie de formação insular a partir da Velha Natureza, agora, ao prosseguirmos essa reflexão, deveríamos constatar que grupos humanos, desde que o fenômeno da soberania se tornou epidêmico, começaram a explorar outros grupos humanos como naturezas externas; assim, à secessão da Velha Natureza segue também uma secessão do homem pelo homem – caso se possa formulá-lo de forma tão contraditória; as pessoas se aproximam umas das outras na medida em que se tornam cada vez mais estranhas umas às outras. Liga-as agora a estranheza íntima de senhor e servo. Sociedade de classes é somente um outro nome para esse estado de coisas ainda não pensado até as últimas conseqüências. O paradoxo da inclusividade exclusiva cobra então o seu preço; pessoas começam a caçar pessoas, matam-nas em grandes números, exterminam hordas e tribos inteiras, vendem-nas e compram-nas, utilizam-nas como brinquedos sexuais, adestram-nas para a realização de trabalhos pesados e lhes dificultam em grau maior grau menor, quando não impossibilitam, a transmissão de sua língua, mitos e rituais à nova geração, *prolem*. O resultado dessa importante tendência tem alcance antropológico: enquanto na base sobrecarregada das chamadas grandes civilizações surgem culturas de aflição que tentam adaptar-se a uma sobrevivência na miséria crônica, no grupo mais garantido começa a existir uma segunda formação insular; nesta continua a crescer a corrente básica da evolução humana, a marcha rumo a qualidades mais arriscadas e luxuosas nos recém-incubados exemplares grupais, inchando dramaticamente e a olhos vistos. Por isso, dentro da perspectiva histórica, não estamos errados quando temos a impressão de que nas grandes civilizações antigas se permitia abrir um leque fantasticamente amplo de plenitude humana em termos de caráter e originalidade. Na préhistória aparecem-nos "coloridos" os pequenos grupos e povos; nas grandes civilizações, os indivíduos.

É onde a arte de repetir seres humanos prossegue sob a égide do incentivo civilizatório, que se abrem fabulosas possibilidades de intensificação, florescem talentos especiais, podem tornar-se dominantes inclinações que no mundo antigo teriam permanecido encobertas, e novos requintes encontram seu nicho. No mais íntimo círculo de favorecimentos formam-se biotopos para individualidades que se elevam em prazeres jamais experimentados e em viagens a espaços inexplorados da meditação e das artes. Agora surgem patrocinadores que investem abertamente no raro, no singular, no altamente cultivado; um patrício romano deu o nome para o típico cultivo civilizatório do extraordinário: o mecenato. Como instituição de fomento do homem pelo homem, ele desde então faz parte das relações básicas de individualizações privilegiadas na sociedade de classes. Toda vez que favorecimentos se encontram entre si, surgem climas para o desenvolvimento do que há de mais refinado. Olhares joviais tornam-se livres para ficar com o particular, o momentâneo; flores cortadas decoram os nichos das casas de campo, pintores aprontam retratos naturalistas das pessoas queridas, talentosos aprendizes brincam com a cromatização dos sentimentos. Marco Aurélio dá-se tempo, em suas anotações noturnas, para pensar sobre a beleza paradoxal do irregular, como as rugas na testa do leão ou as fendas na casca de um pão redondo.[10]

Na sensação espacial de impérios e reinos realiza-se uma notável modificação em relação à antiga vida na esférica jangada grupal. O mundo se "globaliza" de maneira nova: seja como for, ela deve convergir para o interior de uma esfera sagrada, o cosmo, em cujo centro rege um princípio dominante, um deus ou uma razão universal. Deus agora é uma outra palavra para redondeza abarcadora. A sensação espacial monárquica, portanto, de perspectiva central, panóptica, esférica. O mundo é compassado a partir de um centro; em perspectiva ontológica ele é a esfera invisível de essencialidades que se formam em torno de Deus, o brotante Ser. Cosmologicamente, uma esfera redonda de luz. Politicamente, o círculo do mundo em torno de um centro de dominação. Ainda hoje se expressa na bênção papal *urbi et orbi* a concepção de espaço que pertencia à ontologia política do imperialismo romano: a partir de um centro, tudo ver e abranger. Num espaço político desse tipo, *a priori* somente se sentirão em casa indivíduos que se imagi-

 10 Cf. Pierre Hadot, *La citadelle intérieure*, Paris 1992, p. 185.

nam no centro dele ou perto dele, ou sejam, príncipes, sacerdotes, ministros, co-pensadores do poder e membros da burguesia da capital em tempos de paz. Desde sempre a política clássica, na medida em que é metro-política, conhece a tensão entre centro e periferia; quanto mais longe do ponto central, onde, sob a proteção de vantagens do poder, surgem efeitos-estufa sensíveis e espirituais, tanto maior a chance de grandezas pequenas ou medianas emperrarem a engrenagem. Somente a partir da periferia o "não" dirigido ao centro pode assumir a forma principal – não por acaso o cristianismo surgiu na Judéia, berço de resistência nacional-religiosa, para a partir de lá expandir-se em todo o ecúmeno romano ao redor do Mediterrâneo como fermento de crítica ao reino e ao mundo. O fato de que a metro-política clássica encontra sua antítese partindo da margem e que a igreja pôde evoluir para um antiimpério no império – isso faz parte das mais importantes peças didáticas sobre a essência do político em sua era clássica. Devemos estudar o catolicismo quase mais como politólogos do que como teólogos, porque depois da dissolução dos impérios formais mais recentes ele é a única instituição na qual sobrevive a clássica política de princípios monarquistas; o império romano sobrevive por meio da igreja que, como princípio contrário a ele, se tornou sua cópia.

A partir dos motivos expostos, a política clássica tem de ser sempre psicagógica. Se estão à disposição pessoas aptas à utilização, então sua produção deve pelo menos ser praticada com planejamento, de forma que cada escolha da nova geração seja plástica e efetiva para os objetivos dos antecessores políticos. É por isso que a política, em sua época clássica, é inseparável de uma produção humana dupla; numa, em virtude da "educação" dada em *trainings* filosóficos, são por assim dizer produzidos rendimentos humanos altamente individualizados e feitos a mão; noutra são produzidas massas humanas para o trabalho pesado. Esta última variante liga-se à antiga tendência camponesa de abundância de filhos. Para a produção de funcionários para o Estado é necessária sobretudo a implantação psíquica de um funcionário interno que represente exemplarmente no indivíduo o Estado e o todo. Provavelmente aquilo que Freud disse ser o super-ego não é mais antigo do que o império, a pólis e seus deuses – um pouco mais antigo do que o monoteísmo (ou uma formação equivalente de deuses-chefe ou altos-nadas do tipo Nirvana), cuja interiorização da típica imagem de individualidade própria das grandes civilizações se torna para nós praticamente inevitável. Onde quer que surja o *homo politicus*, disponibilidade, mobilidade, separabilidade dos amores se tornam valores decisivos. Só quem praticou de perto o separar-se pode representar o abstrato. O *homo politicus* é aquele que apresenta e representa o poder. Ele é o que deve ter aprendido a falar *em nome* de um poder. A linguagem do poder é essencialmente representativa, enquanto o próprio funcionário é signo. Por isso ele precisa estar psiquicamente apto, conquanto não seja monarca, para representar *in absentia* uma figura (ele ou ela), da qual parte toda violência, como se "ela própria" estivesse presente. A autoridade se difunde em representações. A gramática desse classicismo político e metafísico, por conseguinte, ressalta que as palavras do poder e as verdades "centrais" devem ser traduzíveis para todas as "línguas estrangeiras". Além disso as periferias têm de aprender a "língua mundial" como língua do centro. Para isso são necessários professores de línguas exemplares – professores prontos para aparecer como exemplos vivos de princípios supra-étnicos. Também por isso o progresso da psicologia do Estado se reflete na ascensão de sábios e santos que – como monarquistas lógicos – apostam sua vida numa coisa: no poder-estar-sozinho com o absoluto, que é apresentado como o tudo-abarcador e universal. A capacidade de exilar-se é treinada por tais indivíduos como prova para o poder-estar-satisfeito em toda comunidade, até mesmo no mero convívio com "todos" – evitando portanto toda pessoa realmente próxima, toda relação de amor e desamor. Em seu estudo sobre Sêneca, Paul Veyne acertadamente caracterizou o sábio estóico como um soldado do cosmo.[11] Fazem parte de seus traços de caráter um físico algo desumano que pura e simplesmente dá a forma vazia do espírito de sacrifício. Aqui a idéia do celibato tem uma de suas origens – é a funcional ausência de família e casamento dos funcionários delegados; os apóstolos cristãos e seus seguidores partirão desse solícito treinamento de exílio; até hoje, algo disso aparece em capitães, diplomatas, executivos, professores visitantes e outros representantes profissionais. Ao olhar para tais pessoas torna-se clara a solidão de indivíduos compromissados com uma vida de excelência; como tudo o que é grande, o Estado exige um especial sacrifício da alma.[12] (Nas reservas que Herbert Wehner tinha em relação a Willy Brandt encontrava-se ain-

11 Cf. Paul Veyne, *Weisheit und Altruismus. Eine Einführung in die Philosophie Senecas*, Frankfurt/M 1993, espec. p. 164 ss.

12 Cultos do esporte também podem ser interpretados a partir de um quase-político clima de performance; os campeões são variantes apolíticas de "governos"– por exemplo, "ministros" com atributos para o arremesso do disco ou a corrida de longa distância.

da algo do ressentimento do político-funcionário contra a sede de vida abertamente apolítica de seu carismático colega.) Parte do espírito desse treinamento megalopata de solidão também a formulação do conhecido gracejo do exilado Diógenes de Sinope – o de que sua pátria na verdade seria o cosmo. Esse habitante do todo, que se sente em casa mais junto aos planetas do que a Atenas, foi o primeiro atleta da vida solitária – ele é o homem do Estado à margem de tudo o que significa Estado. "Cosmo-cidadão" – hoje seu neologismo anda pelo mundo todo; o que para ele era uma piada, tornou-se sério para os modernos. Quem se denomina *kosmopolites* já está além da cidade e conta com um mundo no qual o pertencer-se em comunidades substanciais poderia até chegar a um fim. Um engraçado vagabundo urbano na velha Atenas deu a deixa para o individualismo pós-político da Europa; é pura e simplesmente visível no presente o que isso significa, já que as cidades agora se enchem de indivíduos soltos que, querendo ou não, pertencem a ninguém – ermitãos burgueses, tipos solitários esquisitos, órfãos psíquicos, eremitas burocráticos trabalhando furiosamente, solteiros cósmicos. Dever-se-ia verificar a hipótese de que os políticos na modernidade muitas vezes se recrutam no reservatório desses desatrelados; conseqüentemente seriam, pelo menos em parte, indivíduos midiáticos (se poderia dizer: semi-cheios), que querem tornar-se úteis para um povo completamente imaginário, como se "pertencessem" a ele.[13]

Algo grande raramente vem sozinho. Se já é difícil convencer as pessoas a pertencer-se numa formação estatal, é ainda mais difícil, ou impossível, estabelecer cidades e impérios como realidades-solo. Onde quer que surja algo politicamente Grande, certamente haverá um contra-peso por perto. Da concorrência dos Grandes pelo Grande surgiu a peste política das grandes civilizações – a guerra imperial e inter-imperial. Com as guerras, que são os verdadeiros atos fundamentais do Estado, ficou claro sobretudo para as pessoas, à época das grandes civilizações, o que significa estar no mesmo barco com inúmeros membros do mesmo povo. O barco é a comunidade imaginária que derrama sangue real.

13 Cf. a respeito o ensaio de Thomas H. Macho, *Container der Aufmerksamkeit. Reflexionen über die Aufrichtigkeit in der Politik*, em: *Opfer der Macht. Müssen Politiker ehrlich sein?*, org. de Peter Kemper, Frankfurt/M, Leipzig 1993, pp. 194-207.

3

Com o início da era industrial algo se põe em movimento no tri ou tetramilenar reino dos reinos. Começa uma onda literária que não fala de outra coisa senão de Estado, vida em sociedade, formação humana. A velha palavra romana "república" começa a circular novamente e serve à burguesia para parafrasear sua intenção de começar tudo de novo. Reflete-se – e estamos de novo mais freqüentemente na pista dos gregos que dos romanos – sobre a associação das pessoas em coletividades, e nisso pensando tão minuciosamente quanto pedantes que ainda não sabem que se tornarão revolucionários. Dá-se início a um novo debate sobre como educar os filhos; o maior poeta de língua alemã pode alcançar a fama com um drama sobre uma infanticida – sintomas que deveriam bastar para sugerir o fim de uma ruptura de épocas, de transição de uma era. Em Jean Paul, Heinrich Heine e por último em Nietzsche a nova consciência de era assume uma forma programática sob a frase "Deus está morto" – cuja interpretação a princípio deveria ser deixada para os teólogos e seus sucessores, os psicoterapeutas. Aqui deve interessar-nos somente seu sentido político secundário. É suficiente saber que *epocalizações* de sucesso são frases políticas porque reinterpretam o status das coisas no tempo. Numa cultura monoteisticamente condicionada, declarar que Deus está morto implica um abalo em todas as referências e o anúncio de uma nova forma de mundo. Com "Deus" apaga-se o princípio do pertencer-se de todas as pessoas na unidade de um espaço criado. Depois disso os anos do calendário tomam até um novo sentido. Futuramente não bastará mais situar-se *depois de Cristo* – um outro sentido para "depois" paira no ar, também para aqueles que antes já não levavam tão a sério a era do Senhor. Se o filho morreu, então o pai também não duraria muito; tão logo o pai seguiu o filho na morte, as pessoas estavam lado a lado como pluralidades órfãs numa monstruosa paisagem mundial – atualmente ordenadas em mais de 190 nações, nas quais são faladas cerca de 5.100 línguas (uma contagem mais restrita indica duas mil), e seis bilhões de habitantes – sem nome nem denominador comum, sem saber se na ausência de um criador coletivo uma obra coletiva ainda poderá ser definida. Pós-modernidade é a época do "depois de Deus", e do pós-impérios clássicos com suas aberturas mundiais locais. Mesmo assim, o gênero órfão tentou formular um outro princípio do pertencer-se coletivamente num horizonte moderno de unidade – os direitos humanos, e não é um acaso terem sido ex-cristãos os que originalmente lançaram a cruzada dos direitos humanos. Código teológico à parte, assim falou Nietzsche sobre aquilo que inspira nosso tempo com esperança e horror; alguma coisa está morta e só pode desmoronar mais rápida ou lentamente, mas de alguma forma avançam a vida e a civilização e se cristalizam em novidades não compreendidas. Entre esse "alguma coisa" e esse "de alguma forma" reside aquilo que dá o que pensar na terceira era mundial.

No que diz respeito ao "alguma coisa", primeiramente sugiro interpretá-lo como o espírito da era agrária. Enquanto a política, no entendimento clássico, significou a arte do pertencer-se em cidades da era agrária e grandes impérios, para ela chegou o momento crítico com a "morte de Deus". Os conceitos espaciais da era intermediária, marcada por preparações do solo, fracassam diante do novo espaço mundial sincrônico, que a cada dia se reconhece mais claramente. Os participantes do novo jogo mundial da era industrial não se definem através de "pátria" e solo, mas de acessos a estações ferroviárias, terminais aéreos, possibilidades de conexões. O mundo para eles é uma hiper-esfera conectada. Quem entra na classe de excelência dos atores da hiper-esfera passa a lidar com uma outra forma de transição para o Grande – uma forma que não pode ser aprendida em Atenas nem em Roma nem nos liceus e ginásios neo-europeus. A forma do Grande no mundo industrial insiste no conhecido estresse megalopata em dimensões ampliadas – mas então devem preocupar-se as pessoas na rua, que antes teriam apoiado um ministro das Relações Exteriores. Isso deve começar cedo; alunos ingleses costumam trocar correspondência com crianças da mesma idade no Quênia, e quase nenhum indivíduo do Primeiro Mundo pode passar por cursos intermediários ou superiores sem ser treinado para um poliglotismo mínimo. A economia cuida de que a nova situação geral do mundo passe pelo estômago. Frutas da África do Sul e Israel, carne bovina da Argentina transitam pelos canais de distribuição de impérios gastronômicos multinacionais e chegam às estantes de supermercados europeus. Bruxelas emprega um grupo de terminólogos que trabalham na homologação da norma lingüística européia; nas bombas de gasolina das estradas alemãs corre combustível proveniente de petróleos dos Emirados Árabes, do México, da Noruega, da Pérsia ou da Nigéria. Distribuições, condicionamento, queimas, digestões reúnem enormes populações através de maiores distâncias em comunidades híbridas de metabolismo. Tudo isso passou a existir com a violência do inevitável e abala as pessoas prontas para levar sua vida realizando tarefas correspondentes. No estresse da planetarização são discutidas novas formas anímicas que devem fazer oscilar sua formatação entre momentos maníacos e depressivos. As penosas sincronizações herdadas de formas anímicas e mundiais do classicismo político não são mais suficientes para a existência no mundo global. As megalomanias de antes se tornam holomanias de hoje; a classe megalopata de ontem está diante da tarefa de reordenar-se em formas convincentes de holopatia. O velho e bom cosmopolitismo se transforma num nomadismo cosmopata – para os membros da hiper-civilização, a terra se torna um estágio no qual a reformatação da alma deve ser treinada no novo mundo sincrônico. Nesse contexto, o turismo mundial adquiriu grande significado porque, pelo menos para uma classe holopática ainda difusa, ela se tornou matéria de auto-estudo quando o assunto é

14 Documentos sobre a relação entre viagens e treinamento para o grande mundo foram oferecidos recentemente, entre outros, por Ian Buruma, *Der Staub Gottes. Asiatische Nachforschungen*, Frankfurt/M 1992; Gerhard Schweizer, *Touristen und Traumtänzer. Ein Reisebuch*, Stuttgart 1992; V.S. Naipaul, *Im alten Süden*; do mesmo, *Indien. Ein Land in Aufruhr*, Colônia 1992.

globalização.[14] Mas o fato de que políticos em exercício estejam tão raramente preparados para os desafios da nova situação – intelectualmente quase nunca, moralmente às vezes, pragmaticamente menos do que mais –, constitui uma parte do mal-estar maciço cada vez mais agudo em relação à classe política. Mesmo que ainda não se soubesse indicar detalhadamente o que este ou aquele político deveria fazer de diferente, todo observador do movimento nas capitais modernas sente que não pode ser suficiente os representantes do povo, com uma espécie de disponibilidade de trabalho cega e ofuscada pelo funcional, deliberarem em comissões durante longos dias de trabalho. Essa impressão já seria suficientemente crítica, mesmo se políticos em Buenos Aires e Roma, assim como em Bonn, Munique e Kiel não fossem, cada vez mais freqüentemente, flagrados em meio a fraudes, abusos de poder e irregularidades.

Parece-me que a sociedade atual, sofrendo crises de náusea frente a sua classe política, no momento não pode fazer mais do que se conceder uma pausa de reflexão para questões fundamentais. Deve-se ganhar tempo para um debate sobre a constituição, o qual se transforma numa investigação da forma mundial. Supostamente oculta-se, nas lamentações gerais sobre as incipiências do elenco político, um mal-estar global que ainda não encontrou sua forma – gostaria justamente de apostar em estados crepusculares de uma ampla conscientização das insuficiências antropológicas. Pois o que salta aos olhos dos inquietos contemporâneos a respeito de tantos políticos – que eles tão raramente estão à altura dos desafios globais –, vale ainda mais para os não-políticos. Dever-se-ia ponderar se a descompostura crônica contra a classe política não é a projeção de um mal-estar na cultura mundial que apenas se cristaliza na proeminência política. Nesta se torna visível um novo tipo de obscenidade discreta que submerge todos os envolvidos, espectadores e atores, num melindre conjunto: a super-exigência em cena aberta, a perplexidade no serviço público, a desorientação nas posições de comando, a palidez na ribalta. Para nós, a ignorância senta-se na primeira fila. Vê-se o elenco político desfilar com algazarra pela mídia e somos lembrados da inapetência premeditada dos torneios municipais. Claro que ainda existem aqui e ali megalopatas convincentes da velha guarda, personalidades ressaltadas por fidedigna estatura atlético-estatal, mas sua presença isolada pode somente relativizar, não remediar a desproporção global entre as forças necessitadas e as fraquezas existentes.

De fato, não sabemos que tipo humano seria necessário para preencher os espaços vazios, e que treinamentos devem ser desenvolvidos para que seja reduzida a enorme lacuna entre a forma mundial global e as psiques locais. O atletismo de Estado da globalidade ainda não foi escrito, e se realmente há preparativos para o mesmo, então somente na forma de treinamentos selvagens e autodidatas.[15] Aqui são exigidas consciências que se estabelecem firmemente no abismo do paradoxo sobre a espécie. Profissão: político. Residência principal: opacidade. Programa: pertencer-se com aqueles com os quais é difícil pertencer-se. Moral: pequenos trabalhos de desafios. Paixão: ter uma relação com a ausência de relação. Evolução: auto-recrutamento a partir de conhecimento, que se transforma em iniciativa. Tais "políticos" a princípio, e sobretudo, deveriam entender-se como atletas de uma nova

15 É para ser levada muito a sério a observação de Mikhail Gorbachev, em seu discurso no Festival de Música de Câmara de Munique, em 1992, de que ele, com sua mulher Raíssa, durante os sete anos de mandato teria passado por muito mais coisas do que em toda a sua vida; Bill Clinton mandou protocolar, depois de 100 dias como presidente, que se sentia como se tivesse feito trabalhos pesados durante 30 anos. Se se quisesse escrever a biografia de trabalho do pacifista norueguês Johan Galtung, então se chegaria à situação de ter de apresentar a história de uma pessoa física com o programa de viagens de um ministro das Relações Exteriores, a bagagem intelectual de um prêmio Nobel e o acervo de discursos de um apóstolo.

tipologia: como atletas de um mundo sincrônico, como almas de excelência quando o assunto é coexistência. Como coexisto com um bilhão e 200 milhões de chineses? A essa pergunta toda resposta é permitida, mas não mais a antiga máxima do pequeno mundo: "Esqueça os chineses, esqueça todos aqueles que são demais". A frase grandiosa de Stephan George: "O vosso número já é um delito" expressa a tentação, a partir de cuja superação surgem os pan-atletas políticos de amanhã.

É evidente que numa época em que a forma do Grande é mudada, patologias de filiação de todo tipo tornam-se epidêmicas. Já o atletismo de Estado mais antigo muitas vezes teve de lidar com as fronteiras de seu poder de generalização – o globo-atletismo mais recente repetirá a mesma experiência em proporções mais elevadas. Não é de hoje que se revelam de forma inequívoca epidemias inteiras de resistências oriundas das periferias, dos pequenos espaços, das esferas privadas. Assim como não houve uma política clássica sem a resistência das tribos e hordas por meio de um anti-mundo de anarquismos, privatismos e infantilismos, também não haverá uma hiperpolítica sem a vingança do local e do individual.

 Grandes regiões se protegerão com greves latentes

e manifestas do jugo universal do capitalismo globalizado. Da mesma maneira, como desde há muito já se pode notar, partes consideráveis das populações virarão as costas, com indiferença hostil, a tudo o que é político. É bom prepararmo-nos para combates seculares entre as regiões do mundo moderno-globalizadoras e as conservadoras-resistentes. O tema da "revolução conservadora", experimentado há duas ou três gerações nos movimentos catolicizantes de resistência na Europa central e do sul, provavelmente tem pela frente uma grande carreira intercultural – sob estandarte religioso, culturalista, regionalista. No mundo sem forma e na sociedade sem identidade são maciçamente tramados retomadas, renascimentos e reconscientizações de valores antigos. Depurações étnicas com agravantes de extermínio tornarão tangível a violência dos gritos por socorro contra a perda da forma política em muitas regiões do mundo.

Com a globalização em franco avanço, começam a rebentar as últimas totalidades do continuum da política do final do classicismo, as quais haviam mantido unidas as pessoas no Grande moderno – as identidades estado-nacionais quase religiosas que desde o século XIX marcaram as formas políticas de vida na Europa e mais tarde no mundo inteiro. Por mais artificiais e improváveis estas tenham sido mesmo em suas "melhores épocas", a sua evacuação realmente despreparada leva de alguma maneira a desregulações assassinas. Das construções sócio-uterinas devastadas e imaginárias precipitam-se multidões em pânicos pós-políticos[16] e abandonos difusos, para os quais o nome genérico de pós-modernidade ainda é a expressão civilizada. O mesmo fenômeno pode aparecer no terço inferior das nações ricas como em quase todas as camadas dos países pobres. Na mudança de forma de mundo, numerosos indivíduos e famílias de repente se vêem abandonados por todas as boas almas políticas. A mobilização dos muitos por uma grande forma coerente acaba em perjúrio ou hipnose fracassada. No caso mais grave nenhum membro de uma sociedade acredita seriamente que essa sociedade é a sua. Um pressentimento dessas possibilidades mais nefastas paira atualmente no rico hemisfério ocidental. A síndrome de Krause[17] também faz parte disso – *self-service* como indício da anarquia. Pode-se interpretar isso sistemicamente, como

16 Cf. Jean-Pierre Dupuy, *La panique*, Paris 1991; Hermann Broch, *Massenwahntheorie*, Frankfurt/M 1979.

17 Político alemão notoriamente envolvido em escândalos de corrupção. (N.T.)

um efeito que surge necessariamente se o espírito pós-moderno da insondabilidade abrange o campo político. O Estado se torna um castelo de areia, o absenteísmo se infiltra em todas as estruturas aparentemente sólidas, os ligamentos sociais se estendem no vazio – a era "sem síntese", da qual um dia falou Robert Musil, começa a explicitar suas exigências. Se o sistema ocidental do bem-estar social não tivesse adquirido uma certa habilidade de funcionamento como útero de assistência social, a ausência de uma obra comum evidente faria desmoronarem rapidamente as grandes sociedades da era industrial. A luta atual pela Europa pós-Maastricht deixa entrever como a viagem à hiperpolítica moderna é vivenciada pelos contemporâneos – como viagem super-rápida num império de confusões no qual não mais se vê o Estado, tantos são os funcionários. Política aparece como o equivalente de um quase-acidente-coletivo crônico numa rodovia coberta pela névoa. Não se pode falar de uma vontade de pertencer-se numa tal situação. O novo Grande eleva-se atrás do horizonte tal qual a monstruosa internacional dos consumidores. Ainda mais aguda do que na era da política clássica se manifesta, frente a essas grandes unidades hiperpolíticas, uma terrível verdade: a de que o animal de pequenos grupos, o *homo sapiens*, é super-exigido pelas grandes civilizações, caso não consiga produzir próteses simbólicas e emocionais para a movimentação em grandes espaços. Se se interrompe a produção de próteses, as classes políticas de países inteiros perdem sua capacidade de negócio e trânsito. Sociedades que já pareciam civilizações sofrivelmente integradas podem regredir a tribos neuróticas após a perda de suas próteses políticas imaginárias.

Na guerra entre sérvios, croatas e bósnios, por exemplo, reaparece uma característica que já havia chamado a atenção na política de Estados periféricos do império na Baixa Antiguidade – e que, segundo Franz Borkenau, representa um risco fundamental da evolução social na etapa do surgimento dos povos[18]: nos tornamos testemunhas inesperadas de uma paranóia étnica e vizinha que só pode ser caracterizada com o predicado "merovíngia". Onde ela se impõe,

18 Borkenau achava que as grandes religiões e as imagens de mundo universalistas surgiram para represar as epidemias da paranóia de morte se manifestando durante tais transições: toda morte era compreendida a princípio espontaneamente como obra de estranhos malignos, quer dizer, de espíritos externos, aos quais se subordina uma animosidade irreconciliável; teria sido o mérito espiritual das imagens de mundo das grandes civilizações produzir, através de interpretações não-paranóicas da morte, novas satisfações da alma e respectivos *artes moriendi.* Cf. Franz Borkenau, *Ende und Anfang. Von den Generationen der Hochkulturen und von der Entstehung des Abendlandes*, Stuttgart 1984.

rompe-se o laço social, mesmo entre velhos conhecidos, e parece que quase todo mundo poderia tornar-se assassino de todo mundo. Semelhante coisa mostra a invasão do que há de pior nas configurações sociais, que não podem ter ou encontrar suas formas. Depois da perda de seu estado de até então os grupos de repente foram submetidos a um brutal estresse do mundo externo, para o qual não estavam preparados psíquica nem institucionalmente. Assim, pareceu a certos condutores políticos da ex-Iugoslávia que a eles só restava a regressão para frente; o massacre apresenta para eles o lucro sempre imaginário e insustentável de que a guerra provoca a fusão étnica dos indivíduos; psicodinamicamente, a fusão étnica corresponde a uma espécie de entusiasmo em conjunto para o qual nesse ínterim já há exemplos neo-alemães. O caso citado pelo etnólogo Hans Peter Duerr de soldados sérvios que rasgavam o corpo de grávidas bósnias e pregavam os fetos em árvores, mostra o ápice delirante da tendência de fundir-se no eu étnico, o "nosso", como a uma forma interior repentinamente vital e controladora. No ato cruel, a quintessência do conflito aparece como superexposta. Depois da destruição da configuração sócio-uterina e estatal-socialista chamada Iugoslávia, certos grupos remanescentes procuram apoio em antigas e "puras" fronteiras; a "serbitude"– por mais quimérica que seja ultimamente – vai tornar-se, enquanto perdurar a crise, a realidade inquestionável. De acordo com a sua interpretação, o grupo em maior desvantagem, a população de sérvios abandonados e expulsos, procurou na guerra intencional a ruptura da amargura no êxtase. De tais comunidades histerizadas não raro avançam indivíduos midiáticos que transformam o fantasma coletivo em arquétipos. Não seria o feto dependurado a auto-representação de uma nação tomada pelo pânico do aborto?

Interpretar as grandes desregulações nos Balcãs (assim como aquelas nas repúblicas caucasianas, na África e em muitas outras zonas de guerra) como conseqüências do estresse político do Grande Mundo, já significa, graças à própria interpretação, perguntar por formas de desconstrução de estresse na perspectiva política. Com isso não quero sugerir um tratamento num spa para os estressados membros da classe política, mas provocar uma reflexão fundamental que se preocupa com os pressupostos para a terapia política de psicoses nacionais sobre a forma do mundo.[19] A história bélica da humanidade se mostra sob uma luz modificada caso se faça

19 Aproveitando trabalhos e impulsos de Mahatma Gandhi, Hermann Broch, Lloyd de Mause, Johan Galtung, Franz Borkenau, entre outros, seria conveniente perguntar pelo funcionamento de sistemas coletivos de loucura no passado e no presente, latentes e em manifes-

a ligação geral de certas guerras ou tipos de guerra com as crises de mudanças de forma no mundo. A aparência histórica ensina a todo observador que grupos humanos nas regiões pioneiras, durante os últimos três ou quatro mil anos, devem ter conseguido navegar sobre suas velhas jangadas de tal forma que agrupamentos de jangadas puderam surgir em grande estilo. Com isso se alcançou o nível tribal do desenvolvimento. Tribos e grupos tribais, ou seja, povos, são hiper-hordas, ou melhor, integrais de hordas mantidas coesas através daquilo que se descreve com o tão mentalmente pobre e mesmo assim significativo termo "cultura". Por isso culturas são *per se* grandezas políticas – mídia para a arte do improvável e, sim, possível, de erguer super-estruturas sobre os grupos de hordas das jangadas. É natural comparar culturas com impregnações de material ou diapasões utilizados para afinar diversos instrumentos na mesma nota. Poder-se-ia descrever mais facilmente a cultura como um conjunto de sons de câmara que sintonizam populações para o pertencer-se e brincar juntos. Línguas estão no centro das culturas, contanto que introduzam seus fa-

tação; uma psicopatologia elaborada teria a missão de desenvolver a relação entre crises psíquicas e mudanças de formas no mundo com base em estudos de casos históricos.

lantes em concertos mundiais comuns. Já que pertencer é sinônimo de conservação das chances de vida, os desacordes nos etno-corpos sonoros são de antemão repletos de perigos e violência. Cultura, compreendida como tarefa, inclui esforços para a conservação do continuum étnico – sobretudo através das línguas em seus componentes prosódicos e performativos. A partir daqui pode parecer que continuum popular e continuum lingüístico sejam a mesma coisa (e não são). A repetição do homem pelo homem, que através de todos os tempos deve permancer um assunto das hordas e suas formações sucessoras formais e informais em épocas de grandes civilizações, é cada vez mais mal-entendida pelos povos modernos como um assunto do povo – a cultura popular se fixa nas fisionomias isoladas como a marca, o tipo aparentemente mais forte; tipicamente alemão, tipicamente judeu, tipicamente russo: com tais caracterizações os povos, e mais ainda as nações, se dão o privilégio de dar e produzir vida. Em sua decadência, porém, as superestruturas revelam que quase nada têm a dar aos indivíduos, nos seus esforços de continuar a vida. Mais do que isso, pode-se então reconhecer: tão logo decai o *opus commune,* as pessoas podem regenerar-se somente como unidades menores.

Essa é uma das lições tiradas da maior catástrofe natural e social da Europa, a peste negra na metade do século XIV. Giovanni Boccaccio é o poeta que tornou inesquecível para os europeus o teorema da sobrevivência na pequena comunidade em meio ao desastre da grande. O *Decamerão* hoje ainda pode ser lido como peça didática sobre a relação entre alegria regenerativa e pequena política. Depois que a peste irrompeu em Florença, em pouco tempo viu-se decaírem todos os laços burgueses e humanos entre os indivíduos, como se uma peste psíquica tivesse sobreposto a física.[20] A estada na cidade agonizante torna-se um pesadelo para os sobreviventes. Como os florentinos já não sabem se devem temer mais a contaminação ou os saques ou a fome, eles caem numa desorientação equivalente a uma paralisia. Na cidade que perdeu sua obra conjunta, pois não protege mais o bem-estar dos

20 Em seu romance *Msza za miasto Arras* [Uma Missa para a Cidade de Arras], Andrzej Szczypiorski apresentou uma variante norte-européia da grande crise; para ele, a epidemia toma dimensões tanto psicológicas quanto políticas; o psicólogo suíço Franz Renggli, em seu livro *Selbstzerstörung aus Verlassenheit* [Auto-destruição por Abandono], desenvolveu em 1993 a hipótese de que a grande peste, com a qual começa a "nossa história", quer dizer, o moderno e terrível continuum, também era marcada psicossocialmente; as devastações modernas das relações mãe-filho, conseqüentemente, teriam provocado uma espécie de fraqueza imunológica coletiva psicossomática que teria podido levar a uma catastrófica sinergia com o vírus da peste.

cidadãos, de repente tudo está perdido e tudo é permitido. Sujeitos de medo atomizados acocoram-se em suas casas ou rebentam na rua. Nessa situação, uma jovem mulher toma a iniciativa e convence seis de suas amigas e três rapazes a retirar-se juntos a uma quinta próxima aos portões da cidade, para se conservarem e resistirem até o fim da praga com serenidade e humanidade. É assim que se chega ao memorável arranjo que prepara o contexto do livro de Boccaccio. Nessa obra básica do humanismo a frivolidade aparece a serviço das coisas mais sérias.[21] Sherazade narrou em prol da própria vida; os jovens florentinos que se reuniram ao redor da graciosa Pampinea, narram em prol da possibilidade do pertencer-se de pessoas depois da decadência da forma política. Eles encarnam a decisiva lição de todas as ciências modernas da humanidade: se as grandes ordens se partem, a arte do pertencer-se só pode recomeçar a partir das pequenas ordens. A regeneração do homem pelo homem pressupõe um espaço no qual um mundo se abre com a convivência. Nas conversas eutônicas dos dez refugiados está conservado todo o cosmo

21 Kurt Flasch, em seu belo comentário à introdução e às primeiras quatro histórias do *Decamerão*, expôs em que situação a salvação poética da humanidade de Boccaccio deve ser localizada: K. Flasch, *Poesie nach der Pest. Der Anfang des Decameron*, Mainz 1992.

social do século XIV. Isso certamente acontece em Boccaccio sob condições privilegiadas – pois sua salvação da humanidade no pequeno grupo culto pressupõe: uma quinta na Toscana, grande e agradável, com quartos individuais para todos os participantes, liberdade de trabalho para os jovens e serviçais solícitos, que com seu auxílio protegem o idílio, tudo entremeado pelos modos dos jovens patrícios urbanos que se deleitam com música e discursos galantes. Se a cena se passasse no século XVIII poderiamos imaginar para ela um salão; no século XIX, um bairro de boêmios e reformistas; no século XX, uma comuna agrária ou um retiro para meditação. Nela se pode reconhecer o renascimento das pré-hordas possibilitadoras do homem a partir dos respectivos mimos civilizatórios. São típicas formações daquela segunda onda insular, na qual a preferência dada ao homem pelo homem impulsionou os mais notáveis florescimentos. Ainda hoje herdeiros de tradições humanistas lêem em suas pegadas as medidas do possivelmente humano: a palavra florescer significa os momentos históricos de felicidade nos quais sociabilidade e refinamento se condicionavam.

Poucas gerações antes de Boccaccio, em seu

texto *De monarchia*, Dante havia desenvolvido a

idéia de que o império seria uma instituição necessária para a salvação da humanidade; o reino, para se manter em forma, precisa de uma síntese pantocratórica superior, encarnada numa figura única entronizada por Deus: o monarca. Talvez se deva supor que essa doutrina, em seu tempo, tenha levado a termo o imperativo do politicamente racional; ela seguia a lógica dos sistemas de etapas, que podia imaginar a ordem de grandes impérios somente através de sua unificação piramidal num ponto altamente dominante; sua diretriz é a precedência sagrada, a hierarquia, sem a qual não era possível imaginar, até recentemente, qualquer estruturação de grandes grupos políticos ou trabalhistas. Toda a coletividade aparece, nessa perspectiva, como um enorme corpo humano governado pela sua cabeça. Ao olhar para essa figura de si, teoria política se torna titanologia ou doutrina dos monstros, ciência do in-humano, do super-humano, composto de humanos; a obra principal de Thomas Hobbes torna esse traço perfeitamente explícito. Se a grande política deve ser o próprio domínio do monstruoso, então a educação política é, em última análise, um *mundo de monstros*. Boccaccio, ao contrário, havia desenvolvido em sua política informal o motivo inverso – a salvação do homem a partir da humanidade de pequenos grupos abertos para o mundo. Entre esses dois pólos se coloca, desde o fim da Idade Média européia, a questão da verdade na política. Como o Estado deve ser feito para que possibilite a vida humana em boa e pequena espacialidade; como as pessoas devem ser preparadas para suportar e desenvolver um maior estatismo? Pode-se afirmar que a política, mais ainda o pensamento político da modernidade, especialmente desde o século XIX, se agravou num duelo entre os dois motivos de unificação. Ferdinand Tönnies transformou a antítese comunidade versus sociedade num sucesso ideológico da passagem do século. A política alemã por volta de 1900, contanto que se realizasse em Berlim, sempre procurou sua salvação particularmente nos jogos do império e do imperador, enquanto indivíduos isolados confluíam de toda a Europa para Ascona, de modo a testar, na atmosfera meridional, o renascimento do homem dentro do pequeno grupo individualista.

A política do industrialismo se destaca sobretudo por não ter ela mesma conseguido inicialmente entender sua própria modernidade – motivo por que por muito tempo fez perdurar as categorias políticas da era agrária nas épocas pós-agrária, transclássica e hiperpolítica. Os dois monstros políticos de nosso século, o fascismo e o leninismo-stalinismo, surgiram de tais atrasos malignos. Ambos representam tentativas de produzir coletividades modernas através de curto-circuitos entre monarquia e comunidade – no caso do fascismo, através de uma política fusionária que juntou o *Führer* (o imperador do destino) com a comunidade popular, numa sufocante totalidade de hiperhordas; no caso do leninismo-stalinismo, através de uma associação direta entre a ditadura – o parazarismo – e os elementos de conselhos (de hordas) imaginados como bases comunais. Ambas as políticas fracassaram na falsa projeção do pequeno no grande. Em ambos os casos se pôde observar o que acontece quando o grande Estado consumidor de indivíduos aparece diretamente como grupo íntimo gerador de indivíduos: a incubadeira se transforma em campo de batalha, e o território estatal, em vala comum. Essa pérfida troca pequeno-grande pode ser minuciosamente comprovada no pensamento e na ação dos protagonistas fascistas e leninistas-stalinistas. Já nas palavras básicas dos movimentos "comunismo" e "nacional-socialismo" pode-se perceber detalhadamente o embuste de formato no cerne das ideologias. No que diz respeito aos chefes dos movimentos, pode-se observar que eles compensaram sua incapacidade de resolver os grandes problemas que os acometiam com o recurso a ideologias e sistemas de loucuras; o que se pode constatar no imperador Guilherme ou em Hitler, em Lênin ou em Stalin é a reação da megalopatia à megalomania. Para indivíduos dessa espécie o anúncio de que Deus está morto não parece realmente grave enquanto eles existirem e representarem seu posto. Na mudança radical de era agrária para era industrial os psicopatas – como é típico em tempos intermediários – têm a chance de executar, como condutores do Estado, confusões coletivas. Ao olhar essas grandes provas errôneas de uma política da era industrializada se poderia ousar a seguinte tese: a história da política moderna (pós-clássica) é até então a história de erros de formato. Pode-se aprender duas coisas com elas: uma, a de que tentativas de produzir comunidades em grande escala acabam em totalitarismos; outra, a de que um descuido das pequenas unidades deve, a longo prazo, levar a becos psicopatológicos. Se Michael Walzer pôde dizer: "A esquerda nunca entendeu as tribos", então caberia acrescentar: a direita nacionalista nunca entendeu a diferença entre Estado e horda. O que ambas não compreenderam é que com o começo da era pós-agrária a relação de grande e pequeno espera por novas configurações viáveis. O que falta à "teoria e prática" é a implantação de uma política para uma era sem impérios. Nós a chamamos hiperpolítica porque podem ser sinalizadas crescentes exigências à arte do pertencer-se; mas também porque é preciso ironia para estimular um pouco a política clássica em seu ponto sensível, a simulação estatal das hiper-hordas.

Para teóricos liberais da era industrial a revelação de que a aliança entre sociedade industrial e democracia não é absolutamente tão indissociável quanto querem os ideólogos ocidentais, há algum tempo oferece motivo para irritação e preocupação. Irritante é a sociedade ruim, na qual parece ter acabado o capitalismo honesto, quando se conserva tão primorosamente em sociedades semi-feudais e ditaduras, como é notoriamente o caso[22]; preocupante é a suposição de que poderia haver limites da exportação de democracia e que a capacidade de democratização de sociedades não-européias estaria pior do que alguém na situação dos

22 Cf. Francis Fukuyama, *Das Ende der Geschichte. Wo stehen wir?*, Munique 1992, p. 14: "Não há um motivo economicamente concludente que explique por que a industrialização avançada deveria ter como conseqüência a democracia liberal." (Ed. bras.: *O Fim da História*, Rocco, 1992.)

bem-intencionados ousaria supor até agora. Gostaria de expressar a suposição de que a separação dos pseudo-gêmeos democracia e capitalismo é algo completamente diferente da mera introdução de parlamentos e eleições livres em certos Estados africanos, asiáticos e sul-americanos. Constituem obstáculo para uma democratização no sentido ocidental, em muitos países não-europeus em vias de industrialização ou industrializados, as maciças relíquias de "culturas" que, de acordo com sua característica básica, obedecem a princípios da era agrária ou ainda mais antigos. O fenômeno é bem conhecido das regiões católicas e campestres da Europa – que encontrou nas "revoluções conservadoras" e integrismos dos anos 20 e 30 sua exacerbação ideológica e política. Imagine-se: mesmo se após 1933 tivesse continuado a existir em Berlim um Parlamento livre e os cidadãos de Friburgo pudessem ter participado de eleições livres, justas e secretas, então, para citar um exemplo controvertido, ainda assim Martin Heidegger não teria se tornado um democrata no sentido do liberalismo triunfante, numa eventual ida às urnas. No entanto, ao contrário de muitos anti-modernos viscerais no segundo e terceiro mundos, ele teria estado em condições de prestar contas a programáticos liberais, caso quisessem ouvi-lo, sobre os motivos de sua a-democracia; em um discurso claro, possivelmente algo sussurrante, ele teria declarado que a democracia até significa soberania popular, mas que intrinsecamente seria um disfarce para uma fatalidade ainda não compreendida que procura pela destruição daquilo que supostamente seria o dominante, do povo no sentido tradicional, pré-moderno. Na visão de Todtnauberg, a democracia seria um nome codificado para o individualismo urbano, a orientação vital, a má utilização de todas as coisas – em suma, para a máscara política do niilismo. Compreendemos imediatamente que não pode ser moderno quem fala assim – alguns lutarão contra o desrespeitoso impulso de dizer ao homem que ele deveria ficar em sua cabana. De todo modo, se entendermos Heidegger como a última mente da era agrária, poder-se-iam tornar frutíferas suas reservas contra a modernidade industrialista como contraste para uma teoria positiva do novo.

Para o "alguma coisa" que está morto ou moribundo propusemos acima uma interpretação histórico-filosófica; para o "de alguma forma", na medida em que perduram os processos de vida, fica faltando um termo. Talvez nossas reflexões cheguem a uma pista que leve a resultados, se começarmos pela relação subordinada na Escola de Friburgo entre democratismo e niilismo – no que a palavra niilismo não deve ser utilizada como cassetete contra resultados no mundo moderno, mas como nome de problema para uma situação de um mundo "pós-substância". Democracia possivelmente é de fato um pseudônimo para uma grande tendência da modernidade, que está profundamente enraizada na história européia: o individualismo moderno. Mas este talvez tenha um sentido completamente diferente que o de uma revolta secretamente "diabólica" contra as ordens do ser.

Quando hoje os ocidentais se descrevem facilmente como democratas, na maioria das vezes o fazem não porque reivindicam carregar a coletividade em esforços diários, mas porque, com razão, consideram a democracia uma forma social que lhes permite *não* pensar no Estado e na arte do pertencer-se. Há fortes motivos para supor que com o individualismo moderno se deu início a uma terceira onda de insularizações, que ultrapassa o padrão de individualização de épocas européias antigas. Inúmeros indivíduos começam então a ilhar-se contra a "sociedade em geral". Quando Immanuel Kant, no início da era burguesa, falou da insociável sociabilidade do "homem", 200 anos de modernidade tinham dado espaço para iluminar por inteiro o momento negativo da fórmula. Visto assim, democracia seria o consenso político do insociável não-político. Números continuamente crescentes de indivíduos sozinhos navegam, em virtude da lógica de relações da sociedade industrial, para uma solidão secundária entre os seus, e de cuja qualidade expressões moralmente carregadas como "apolítico" ou "associal" não dão a menor idéia. Poderíamos ter a impressão de que a quitinete seria o ponto de fuga da civilização e o morador apenas o coroamento de um processo de refinamento antropológico de vários milênios; queremos descrevê-lo assim, mesmo que fortes indícios mostrem que refinamento e embrutecimento, conforto e desconforto cada dia mais acabam na mesma coisa. Cada vez mais indivíduos podem ser descritos, de acordo com o modo de vida e autoconsciência, como ilhas nomadizantes. No individualismo-quitinete das metrópoles pós-modernas a capacidade de ilhar-se se torna definição do próprio indivíduo. O termo insularização, é bom lembrar, foi definido como secessão da humanidade-horda da Velha Natureza; entendemos como segunda insularização a utilização, nas grandes civilizações, do homem pelo homem, típica de sociedade de classes, caracterizada pela bifurcação da evolução em zonas ofensivas com chances de êxito e culturas defensivas de pauperização. Partindo do nível das ilhas "ricas" de boas chances, a terceira insularização produz um individualismo como que pós-social que tanto produz quanto reivindica uma grande medida de privilégios sociais como pressuposto para a renúncia, por parte do indivíduo, do sistema de sua produção. Para a construção da sociedade a terceira onda precisa de indivíduos que necessitem cada vez menos da sociedade. O socialismo se concretizou como a-socialismo. Não se emprega a palavra diferenciação, da teoria dos sistemas, como parece, somente para a teimosia de sub-sistemas como política, economia, ciência, medicina, religião, educação, esporte, tráfego e direito, mas também para a auto-esférica constituição dos indivíduos na sociedade da era industrial. Cada indivíduo tende a se tornar, inclusive para si mesmo, justamente um "sistema psíquico" que as mais avançadas descrições retratam: em sua trilha de diferenciação iguala todo indivíduo a um míssil, a caminho em seu próprio cosmo. Nas modernas teorias de sistema já se anuncia hoje, como parece, a nova forma de pensamento como a lógica da terceira onda de insularização e da racionalidade da era industrial; trata-se de uma lógica das funções, das relações, da fluidez ou, como diz Luhmann, de uma forma de pensamento para

 irrefreada complexidade. O que no aspecto político é ausência de império, no da lógica aparece como gratuidade, no antropológico como crise da paternidade e do princípio genealógico.

A terceira onda de insularização, de acordo com sua tendência, revoga a primazia da repetição diante da renovação no processo de vida da sociedade. Indivíduos vivendo no individualismo surgem de histórias de formação que *não* mais se orientam por uma idéia-chave: a repetição do homem pelo homem. Nisso, o desenvolvimento do mundo moderno enriqueceu em sentido o teorema de Nietzsche a respeito do "último homem" a partir do prólogo de *Assim Falava Zaratustra*, ultrapassando em muito as intuições de seu autor. O último homem no individualismo da era industrial não é apenas o positivista sociável que inventou a felicidade, com seu pequeno desejo diurno e seu pequeno desejo noturno. Mais do que isso, o último homem é o homem sem retorno. Ele está embutido num mundo que não mais reconhece a primazia da reprodução. Indivíduos desse tipo são, de acordo com seu auto-entendimento e mais ainda com sua posição no processo das gerações, tanto Novos quanto também Últimos. Eles vivem com o sentimento do não-retorno; o indivíduo individualizado até o limite quer uma vivência que se auto-recompensa; ele leva sua vida como consumidor final de si mesmo e suas chances.[23]

De acordo com uma estatística de 1993, um em cada cinco alemães jovens se sente artista ou considera desejável a forma de vida do artista; deve-se supor que o artista não é mais compreendido como aquele que trabalha criativamente, mas o último homem transfigurado na permanente corrente de vivências. Para artistas e não-artistas a perspectiva de descendentes não significa mais auto-repetição de formas de vida em novas gerações; a reprodução, quando escapa, abre perspectivas de imprevisibilidade na forma de filhos, que já existirão como neo-pessoas dessemelhantes em neo-mundos dessemelhantes.[24] Para a auto-percepção da sociedade isso produz conseqüências quase imprevisíveis; uma sociedade do Novo e Último se vê como uma forma sem substância – um campo

23 Gerhard Schulze apresentou uma tentativa de elevar o conceito de vivência na descrição de sociedades modernas para uma posição fundamentalmente conceitual: *Die Erlebnis-Gesellschaft. Zur Soziologie der Gegenwart*, Frankfurt/M 1992.

24 Para esses descendentes "dessemelhantes", nas últimas décadas se impôs a expressão biológica e/ou sistêmica de "vida" – algo como na locução "vida por vir". Ela corresponde à conscientização amplamente difundida de que a nova geração se tornou um assunto de administração médico-biopsíquica. Cf. Barbara Duden, *Frauenleib als öffentlicher Ort. Vom Mißbrauch des Begriffs Leben*, Frankfurt/M 1991.

com um número inquantificável de vetores múltiplos. Nele o futuro quase não pode ser determinado pela valoração do existente. Por isso, as novas gerações herdarão e legarão algo diferente do mundo tradicional; do antigo se assumem menos qualidades do que quantidades, mais chances de partida do que virtudes concretas; nos espólios, pergunta-se nove vezes quanto e somente uma vez o quê. Testamentos se tranformam em dar-com-os-ombros – quem já acredita que no futuro viverão aqueles que têm e fazem o melhor? Em toda parte, nomes estão prestes a tornar-se ruído e fumaça – ou marcas de produto.

Mas enquanto os círculos culturais elaboram afirmativamente a nova instabilidade, saúdam o caos e celebram a inconseqüência, há poucos anos, partindo de círculos ecológicos, deu-se início a uma nova discussão sobre durabilidade – *sustainability*. Aos poucos se compreende que o atual *way of life* e a longa durabilidade são duas grandezas que rigorosamente se excluem. O debate deflagrado por "eco-economistas progressistas" mostra como a inteligência do sub-sistema dominante revelou a mais arriscada característica fundamental do industrialismo: reconhece-se, ainda que com prudente dosagem, que todo o sistema está enraizado na ideologia de uma produtividade não-reprodutiva – o que equivale a uma variante econômica do diagnóstico do niilismo.

O processo industrial no todo destrói mais "reservas" naturais e humanas do que ele próprio pode produzir ou regenerar. Nesse sentido, é tão auto-gerador quanto um câncer, tão criativo quanto fogos de artifício, tão produtivo quanto o cultivo de drogas. O que durante mais de 200 anos foi festejado como produtividade humana quase sem contestação, está cada vez mais sendo visto agora em seu caráter destrutivo e vicioso. Ao longo de uma grande seqüência de mudanças de geração, as respectivas gerações mais jovens, mais vividas, mais consumidoras, mais desvalorizantes, substituíram as gerações antigas relativamente conservadoras, relativamente econômicas, relativamente menos vividas – uma seqüência que deve ter começado com a juventude da Revolução Francesa, o mais tardar com a juventude da era guilhermínica e as insurreições vitalistas contra os mundos dos pais-cidadãos. O que a princípio se nota no último homem – o indivíduo sem retorno –, aos poucos aparece também nos produtos sem retorno, nas matérias-primas sem retorno, nas espécies sem retorno e finalmente nos biotopos e atmosferas sem retorno.

Os últimos homens não podem deixar de tirar conclusões para si mesmos ao contemplar as últimas coisas e últimas naturezas. Razão pela qual a hiperpolítica – seja lá o que mais ela for – é a primeira política para os últimos homens. Na medida em que organiza a capacidade de convívio dos últimos, deve fazer um *desafio* de exigências sem precedentes; ela está diante da missão de fazer da massa dos últimos uma sociedade de indivíduos que aceitam continuar desempenhando o papel de intermediários entre ascendentes e descendentes. A sociedade hiperpolítica é uma comunidade de desafio que no futuro também apostará no aperfeiçoamento do mundo; o que ela tem a aprender é um meio de transformar seus ganhos de tal forma que depois dela ainda poderá haver ganhadores. Isso pressupõe que a hiperpolítica se torne a continuação da paleopolítica por outros meios. Mesmo numa sociedade de "últimos" homens, não pode ser desaprendida a mais antiga das artes, a de repetir o homem pelo homem.[25] O livro sobre este maior do que o Grande não está escrito. Se um dia ele encontrar seu autor, seu título poderia ser: *A Horda Aberta e seus Inimigos*. Seu tema seria

---

25 Cf. Sara Ruddick, *Mütterliches Denken. Für eine Politik der Gewaltlosigkeit*, Frankfurt/Nova York 1993.

a preferência do homem pelo homem, e contaria a história de nossa espécie como uma aventura de mecenato. Seria, como testamento do animal político, o romance de uma espécie muito antiga, muito sábia, muito desnorteada.

Este livro foi composto em Adobe Garamond corpo 13 por 17 e impresso sobre papel offset Master Set 90 gramas nas oficinas da assahi gráfica em outubro de 1999